MÉDICO E PACIENTE

Blucher

MÉDICO E PACIENTE

É proibido amar

Liliana Liviano Wahba

Médico e paciente: é proibido amar
© 2021 Liliana Liviano Wahba
Editora Edgard Blücher Ltda.

Imagem da capa: Wassily Kandinsky, *La Forme Rouge* (1938), recuperada de Wikimedia Commons

Publisher Edgard Blücher
Editor Eduardo Blücher
Coordenação editorial Jonatas Eliakim
Produção editorial Bárbara Waida
Preparação de texto Ana Maria Fiorini
Diagramação Negrito Produção Editorial
Revisão de texto Cristine Akemi
Capa Leandro Cunha

Blucher

Rua Pedroso Alvarenga, 1245, 4º andar
04531-934 – São Paulo – SP – Brasil
Tel.: 55 11 3078-5366
contato@blucher.com.br
www.blucher.com.br

Segundo o Novo Acordo Ortográfico, conforme 5. ed. do *Vocabulário Ortográfico da Língua Portuguesa*, Academia Brasileira de Letras, março de 2009.

Dados Internacionais de Catalogação
na Publicação (CIP)
Angélica Ilacqua CRB-8/7057

Wahba, Liliana Liviano

Médico e paciente : é proibido amar / Liliana Liviano Wahba. – São Paulo : Blucher, 2021.

168 p.

Bibliografia

ISBN 978-65-5506-291-5 (impresso)

ISBN 978-65-5506-288-5 (eletrônico)

1. Psicologia. 2. Médico e paciente – Relação. 3. Empatia. I. Título.

20-4565 CDD 610.696

Índice para catálogo sistemático:
1. Relação médico paciente – Aspectos psicológicos

Àqueles que sucumbem na batalha da vida e
a enfrentam heroicamente com amorosidade
e inteligência, paciente e médico:

René Victor Liviano, o paciente que compreendia
com o espírito a limitação da matéria.

Flavio Tavares Martins, o médico de tantos sucessos
e, dolorosamente, testemunho da impotência.

Às médicas e aos médicos pela intensa dedicação
aos cuidados e ao alívio do sofrimento.

Conteúdo

Agradecimentos

Agradeço,

A Elliott Wahba, parceiro de jornada, com amor.

A Denise Gimenez Ramos, pela orientação dos primórdios deste estudo, incentivando sua continuidade.

A Iran Gonçalves Junior, representando os médicos inspirados que conheci, com o talento de integrar competência e afetividade.

A Lawrence, Nicholas, Lorenzo e Luca, por iluminarem cada um de meus dias.

Às amigas e amigos, pelo sustento e afeto.

À Editora Blucher, com sua tradição de divulgação do saber, enfrentando a diluição da palavra escrita.

Prefácio

Conheci a professora doutora Liliana Wahba quando ela solicitou permissão para entrevistar os médicos residentes da disciplina de Cardiologia do Hospital São Paulo da Escola Paulista de Medicina para a sua tese de doutorado. Chamou a atenção, na época, a sensibilidade da pesquisadora para abordar residentes em treinamento, aliada à rigorosa metodologia da pesquisa e ao absoluto sigilo das entrevistas realizadas.

Após as entrevistas com os voluntários iniciais, os residentes que participaram recomendaram a outros colegas que participassem do projeto. O motivo do entusiasmo foi que, pela primeira vez, alguém ouvia e se interessava pelas angústias e pelas dificuldades emocionais e psicológicas da formação médica e criava um espaço de reflexão para os médicos em início de carreira.

Passados os anos, a dra. Liliana se firmou como importante pesquisadora da relação entre médico e paciente e de como ambos são afetados pelo lidar com a doença, o tratamento e a morte.

Neste século XXI, e é curioso que a tese tenha sido defendida no primeiro ano do século, houve um aumento da insatisfação com o trabalho médico, conforme pesquisas realizadas com médicos e pacientes.

Pacientes julgam os médicos frios, distanciados, tecnicistas.

Médicos se descrevem como pressionados por métricas criadas por necessidades administrativas e financeiras, que não correspondem ao interesse do paciente, e sentem-se afastados deste. A doença ganha mais notoriedade que o doente.

Seres humanos que sofrem são transformados em dados para alimentar algoritmos que geram condutas. Ganha corpo o processo de coisificação do humano, a desumanização do outro.

Essa situação gera um sentimento de angústia que se traduz por quadros de depressão, *burnout*, desencanto com a profissão e suicídios em números cada vez mais alarmantes. É um fenômeno observado globalmente.

Neste erudito livro, a dra. Liliana traça um panorama do que são o adoecer e o cuidar e, referendada em ampla bibliografia aliada à sua experiência profissional, propõe uma reflexão sobre os caminhos que a psicologia oferece para entender e mitigar as angústias de médicos e pacientes.

Fiquei, ao término da leitura, com o mesmo entusiasmo que ficaram os residentes anos atrás. Há um caminho apontado para que, mesmo com todas as dificuldades, o cuidar seja valorizado, o cuidador se realize pessoalmente e os pacientes sintam-se não só medicados, mas amparados na sua difícil e dolorosa jornada.

O texto foca na relação entre médico e paciente e, dado o rigor metodológico ao qual a dra. Liliana se propõe, os resultados não são extrapolados para outras profissões, porém, como leitor e médico, posso afirmar que é um texto para ser lido por todos os que têm, no cuidar do humano, sua profissão.

Prof. Dr. Iran Gonçalves Junior

Preceptor responsável pela Residência Médica em Cardiologia e médico responsável pelo Pronto Socorro e pela Unidade Coronária da Disciplina de Cardiologia no Hospital São Paulo da Escola Paulista de Medicina (Unifesp)

Introdução: entre cisões e integrações

A razão é uma breve zona de claridade analítica que se abre entre dois estratos insondáveis de irracionalidade.

Ortega y Gasset (1924/1983, p. 277)

O médico e o paciente contam uma história, suas histórias, que desde os primórdios da humanidade descrevem aquilo que nos iguala às demais espécies, o adoecimento e a morte, e aquilo de que somos capazes, criar cuidadores que se dedicam a compreender o fenômeno da natureza e sua ação na doença e no restabelecimento. Trata-se de uma parceria vital, indissolúvel, íntima e familiar dentro do enquadre profissional. Uma história de amor, dedicação, recepção e gratidão. Um é grato porque recebeu o dom, esforçou-se para aprimorá-lo e o utiliza para salvar vidas, amenizar a dor e aliviar a cronicidade; o outro é grato por receber ajuda e amparo, obter respostas ao desespero de um organismo desconhecido e perturbador que o ameaça, inexoravelmente, sem recurso, sem saída. Deveria ser uma história plena e límpida, mas o percurso do humano se dá nas liminaridades, e não poderia deixar de ser assim nesta crucial e lancinante aventura nos confins da vida e da morte. Uma história de penalidades e frustrações, de culpabilização e de impotência. O enredo do cuidado é tão verdadeiro quanto aquele do malogro, ambos convivem na arena da interação. Apesar de tantas frustrações, felizmente, na maioria das vezes, o primeiro impera, ou assim desejamos e aspiramos, médicos e pacientes, carregados da ambiguidade que a fragilidade existencial nos impõe.

Compreender contradições significa compreender a vasta extensão do sofrimento humano. E aqui se apresenta a primeira delas: no geral os médicos se sentem gratificados, são dedicados, e obtêm satisfação com seu trabalho apesar de reconhecerem algumas dificuldades, como atesta um grande número de pesquisas em distintos países (Atif, Khan & Maqbool, 2015; Abholz, 2012; Bhattacherjee et al., 2016; Rosta & Gerber, 2008; Vasconcelos Filho et al., 2016; Nylenna et al., 2005; Scheurer et al., 2009; Hoff et al., 2015).

Entretanto, convivem com *burnout* e transtornos que chegam a afetar a saúde deles mais do que a média da população, parte deles apresenta insatisfação e emoções negativas que culminam em depressão e adesões, e sofrem calados guardando mágoas referentes a pacientes contestadores ou se defendem com arrogância (Shanafelt, 2012; Cantilino, 2016).

Da parte dos pacientes, se ressentem de não serem ouvidos, de serem tratados com frieza e distanciamento a ponto de interferir nos resultados do tratamento e, no extremo, ressentem o temido e terrível erro médico não assumido pelas equipes de saúde, o que deu origem à medicina defensiva, aumentando o desentendimento e a estranheza entre ambos.

Como é difícil tolerar tais dramáticas e penosas ambiguidades, procura-se identificar culpados e atribui-se o mal à tecnologia, pois a medicina moderna tem-se tornado cada vez mais tecnológica, acompanhando avanços científicos com poderosos instrumentos para a detecção e cura de doenças, incluindo a robótica. O médico especialista teria se transformado em um técnico que relegou a paixão em nome da manipulação. Tremenda contradição: de um lado, poderosos avanços, mais recentemente, no campo das neurociências e da genética, das intervenções cardiovasculares menos invasivas, da oncologia, da tecnologia em cirurgias, possibilitam salvar pacientes antes condenados; de outro, a especialidade, que exige atualização constante, tornou essa área dotada de prestígio e de remuneração altamente competitiva, acelerada e segmentada, arriscando fragmentar o paciente em parcelas de estudo e de intervenção.

A gratidão de ambas as partes é crucialmente posta à prova; apesar do progresso, a falibilidade frustra dolorosamente quando não se efetiva uma cura, uma melhora, e crescem necessidades não atendidas e frustrações. Paradoxalmente, houve uma perda de prestígio em geral, o público demanda mais. Médicos se mostram insatisfeitos porque perderam poder devido à burocracia hospitalar e de seguros de saúde, são sujeitos a reclamações de pacientes que adquiriram direitos de autonomia, de consentimento, de partilhar decisões, e possuem mais acesso à informação, ao passo que os pacientes se queixam de serviços de saúde insuficientes, de prevenção inadequada, de falta de atenção e de efeitos iatrogênicos.

A cisão é um modo de resolver o insuportável; assim, os médicos denominados organicistas aparentemente desprezam o conflito, imbuídos da missão que lhes cabe: salvar vidas com métodos fundamentados e validados. Quando o paciente morre ou permanece crônico, a perda é incorporada como parte da limitação dos recursos disponíveis. Os médicos clínicos generalistas buscam reorientar-se mantendo os valores tradicionais do médico de cabeceira e às vezes incorrem, sem percebê-lo, no polo oposto da cisão, uma fusão com seus pacientes, ou se mantêm aferrados no exercício do paternalismo. O paciente, por sua vez, oscila entre a submissão e o protesto, este último nem sempre pertinente aos fatos ocorridos.

Subjaz às interações mencionadas a gritante contradição cultural no campo da ciência, quando a objetividade se distanciou radicalmente da subjetividade. A medicina conquistou operacionalidade e progressos, mas perdeu apropriação de tessituras que modulam órgãos, processos, vinculações. Retomar a subjetividade sem perder a objetividade parece ser um desafio atual.

A psique grupal impulsiona tentativas de reunião do que foi cindido, e surgem reativamente movimentos denominados holísticos, negando ou diminuindo o valor da medicina científica e seu avanço de anos de estudo, de pesquisa e de experiência. Muitas dessas práticas são danosas para o paciente, confundindo-o e provocando angústia desnecessária a ele e a seus familiares. Se existe uma cisão dentro da medicina, quem sofre seus efeitos não são apenas os pacientes, mas também os médicos e os profissionais da saúde; situações sem saída dentro do esquema referencial e do código de conduta habitual ativam recursos adaptativos e rumos alternativos. Proliferam, assim, as modalidades medicinais denominadas não convencionais, uma busca de integração.

O risco é que a subjetivação não refinada, mais primitiva, possa desembocar na manipulação oportunista, no engodo e no crime à custa do sofrimento, da insegurança, da fragilidade; engano mobilizado pela busca de esperança, de calor humano, de confiança e do milagre. O paciente desesperançado se entrega à ilusão; o médico, perplexo, não consegue alcançá-lo com a razão. A pungente questão é como reintegrar à medicina aquilo que foi cindido.

Para isso, há de se rever quem são os vilões identificados. Não há de ser a objetividade e o rigor científicos, que permitiram apurar a habilidade médica tecnológica e operacional, adquirir perícia no diagnóstico de doenças e moléstias e nas condutas mais adequadas para combatê-las; não há de ser a legitimidade da autoridade do médico disponibilizada para o bem cuidar.

Sem afastar a biomedicina, um caminho de reintegração se daria na inserção do psíquico, agindo em ambos os interlocutores. O diálogo se dá intermediado pela doença, pela anormalidade orgânica, em que médico e paciente são parceiros, desde o relato dos sintomas, da indagação do médico junto ao exame clínico, objetivado, até a constatação de sensações, emoções, do imaginário envolvido nessa trama, nessa história com nosologia geral e ação particular. O paciente abre sua dor, o medo do que irá acontecer, a vergonha por estar limitado; o médico abre seu conhecimento, seu raciocínio, permite-se compreender que seu psiquismo está sintonizado ao psiquismo do paciente, admitindo que essa variável interfere na doença e na recuperação. Nos últimos anos, tem-se verificado uma concessão apenas formal aos aspectos psicológicos, com o uso de um jargão condescendente e superficial. São poucos os profissionais que reconhecem que o médico é eficiente porque, junto à indispensável competência, ele dá atenção a sua interioridade e à individualidade do paciente.

A técnica e a pesquisa, incorporando fatores psíquicos, permitem que se reconheça que o adoecer é único, embora a doença seja igual para muitos, assim como o curar é único, ainda que use estratégias similares em casos semelhantes.

A integração da subjetividade, do psiquismo, pode aprimorar instrumentos diagnósticos, abrir atalhos desconhecidos de antemão, e também estimula – na medida do possível – o organismo do paciente na recuperação ou no alívio. Um aspecto mais óbvio é o da adesão do paciente, incluída no vocabulário de qualquer compêndio de medicina vinculado à interlocução, que opera como uma sincronização dos ponteiros do encontro: mostra onde estamos, de onde partimos, qual o tempo previsível.

Nessa interlocução se inserem as metáforas do adoecer, as pistas inconscientes e fragmentadas a serem reunidas às informações concretas e precisas, verificadas por meio de exames laboratoriais, de imagem, e outros. Essa escuta necessita da tradução do conhecimento; aquilo que vem em estado bruto, desconfigurado, é discriminado pelo médico, que seleciona e reúne os objetos esparsos e seu colorido emocional e imagético. Nem toda subjetivação será aproveitada para o diagnóstico ou tratamento e, mesmo que não o faça nessa direção, será sempre útil para a aliança curadora-apaziguadora, na diminuição da ansiedade e do medo diante da limitação e na necessidade de adaptação frente à restrição, à dor, à invalidez, ou à morte.

Entram em cena outros vilões reconhecidos: a emoção e o afeto. Em nome da eficiência cria-se uma repressão de afeto em detrimento da transmissão de confiança; a ciência positivista reconhece pensamento e sensação, um leve toque de intuição, e abomina o sentimento. O vínculo afetivo é frequentemente evitado como defesa contra emoções indesejáveis que interferem na ação pertinente. Uma vez que interferem ocasionando indiscriminação, é mais fácil lidar com elas banindo-as da consciência. Ocorre uma das dissociações mais frequentes: razão apurada e emoção contida. Um efeito indesejável é conter a solidariedade que acompanha o vínculo personalizado. Emoções arriscam também corroer a autoridade do médico, que é indispensável, mas defensivamente se constitui um controle dominador sobre o paciente como deslocamento onipotente perante a limitação de transitar entre a vida e a morte. O paciente, por sua vez, enaltece o semideus e se omite do cuidado que lhe cabe quando tem condições de exercê-lo, inibindo o potencial de cura inerente a cada organismo vivo.

Entre possíveis integrações, nos anos 1950, Balint (1957/1988), utilizando a teoria psicanalítica, reunia médicos em grupos para discutir os distúrbios emocionais dos pacientes e as reações que isso lhes ocasionava. Não se tratava de retirá-los da tarefa para a qual eles se destinavam na esfera da relação com o paciente. Tampouco se pretendia confundir o papel do médico com o do psiquiatra ou sacerdote; tratava-se de expandir a perspectiva estreita do fazer científico que impede lidar com a psique inserida no âmbito clínico. Partia-se do pressuposto de que essa comunicação faz parte do ato de curar e de sarar, de restabelecer a saúde, e nela o componente subjetivo é indissociável do objetivo.

O paciente, reduzido a uma doença, a um conjunto de sintomas, seria *algo* a ser isolado e pesquisado, em vez de *alguém* a ser compreendido, incluindo o que não é visível, o que é chamado de mundo interior. Mas, para aproximar-se do mundo interior do outro sem ser ameaçado por desorganização ou destruição, é preciso primeiro entender-se com o seu.

Perante o receio de que essa função integrativa interfira negativamente no raciocínio e na operabilidade, ou seja, anulando a real função do médico, as respostas não são imediatas; a subjetivação será sempre adequada ao contexto clínico, avaliando se pode ser operacionalizada na ciência de curar e de cuidar em vez de meramente proibida. De um lado, a atitude proibitiva e preventiva permite decisões difíceis e dolorosas, mas, de outro, impede acesso a uma fonte de reconhecimento e de informação por vezes crucial contida na subjetividade. Tais questionamentos perpassam a história da medicina moderna e os modos de exercer a profissão.

O enfoque apresentado a seguir endossa estudos, pesquisas, depoimentos de médicos e médicas que trataram da importância do reconhecimento de emoções e de vínculos, sem descartar os riscos de obscurecimento. A maioria desses estudos reconhece os benefícios no bem-estar e no atendimento, no fortalecimento de confiança e no resgate de integridade; procura-se neste livro enfatizar um aspecto menos discutido, que se refere ao aprimoramento de eficiência, ao ato médico competente no diagnóstico e no tratamento que se afina com o reconhecimento da subjetividade, ou seja, esta caberia no arsenal médico como dispositivo de capacitação profissional.

Os capítulos a seguir traçam o seguinte percurso: após um breve panorama da medicina moderna, abordam-se a formação do médico,[1] as escolas de medicina e o que se entende por uma medicina integral; descrevem-se depois facetas da relação médico-paciente, a serem cotejadas no capítulo que segue aos processos de subjetivação do médico e do paciente e o processo de adoecer; finalmente, encerra-se o livro com o capítulo sobre os prós e os contras da empatia e considerações sobre a amorosidade e o ato médico.

Referências

Abholz, H. H. (2012). Satisfaction and depression in German Primary Care Doctors. *Dtsch Arztebl Int., 109*(11), 191-192.

Atif, K., Khan, H. U., & Maqbool, S. (2015). Job satisfaction among doctors, a multi-faceted subject studied at a tertiary care hospital in Lahore. *Pak J Med Sci., 31*(3), 610-614.

Bhattacherjee, S. et al. (2016). Job satisfaction among doctors of a government Medical College and Hospital of Eastern India. *Nepal J Epidemiol., 6*(3), 596-602.

1 A fim de facilitar a leitura optou-se por generalizar o termo médico, apesar de se tratar de médicas e médicos.

Cantilino, N. S. A. (2016). Suicídio entre médicos e estudantes de medicina: revisão de literatura. *Revista Brasileira de Educação Médica, 40*(4), 772-780.

Hoff, T. et al. (2015). Understanding U.S. physician satisfaction: State of the evidence and future directions. *J Healthc Manag., 60*(6), 409-427.

Nylenna, M. et al. (2005). Unhappy doctors? A longitudinal study of life and job satisfaction among Norwegian doctors 1994-2002. *BMC Health Serv Res., 8*(5), 44.

Ortega y Gasset, J. (1983). Ni vitalismo ni racionalismo. In J. Ortega y Gasset, *Obras completas* (Vol. III). Madrid: Alianza. (Trabalho originalmente publicado em 1924)

Rosta, J., & Gerber, A. (2008). Job satisfaction of hospital doctors. Results of a study of a national sample of hospital doctors in Germany. *Gesundheitswesen, 70*(8-9), 519-524.

Scheurer, D. et al. (2009). U.S. physician satisfaction: a systematic review. *J Hosp Med., 4*(9), 560-568.

Shanafelt, T. D. et al. (2012). Burnout and satisfaction with work--life balance among US physicians relative to the general US population. *Arch Intern Med., 172*(18), 1377-1385.

Vasconcelos Filho, P. O. et al. (2016). Physicians' job satisfaction and motivation in a public academic hospital. *Hum Resour Health, 14*, 75.

Panorama e histórico da medicina moderna

> *A ciência avança através de respostas provisórias, conjeturais, em direção a uma série cada vez mais sutil de perguntas que penetram cada vez mais à fundo na essência dos fenômenos naturais.*
>
> Louis Pasteur (citado em Capra, 1982, p. 95)

Medicina organicista-biomédica

Se uma geração atrás mais da metade de médicos eram clínicos gerais, chegou-se no final do século XX a 75% de especialistas e cerca de 65 especialidades. O avanço tecnológico da medicina traz demandas de atualização quase impossíveis: para manter-se atualizado, um médico teria a missão impossível de ler 181 artigos científicos por dia, durante o ano todo. A consequente fragmentação do médico e da pessoa humana decorrente do avanço tecnológico, se, de um lado, extremamente útil para o conhecimento, de outro, despersonalizou a relação com o paciente (Rocha, 1998; Schwartz & Wiggins, 1985; Arruda, 1999).

Um modelo biomédico restrito tem o atrativo de ser coerente e de prometer uma predição com diagnóstico e tratamentos mais certos, mas, na prática, tal modelo não se verifica na íntegra e constitui um paradigma ideal que não se aplica a todas as circunstâncias igualmente. Para atendê-lo, frequentemente transfere-se a pressão decorrente da falibilidade para o paciente, que não seguiria satisfatoriamente as recomendações.

A medicina biomédica é também identificada à medicina de cuidados agudos, cujo exercício – prioritário para salvar vidas – traz maior retorno financeiro e de prestígio, com reconhecimento heroico ao médico, que não aplicará tais métodos em doenças longas e crônicas; chega a ser difícil para pacientes com doenças graves e terminais encontrar um médico que os acompanhe e lhes dê o suporte necessário (Barnard, 1987; Kleinman, 1988; Weatherall, 1994; Kafetsios et al., 2016).

Antigamente, a maioria dos tratamentos considerava a interação de corpo e alma e tratava os pacientes no contexto do meio ambiente social e espiritual. Importante mudança na história da medicina ocidental ocorreu com a revolução cartesiana no século XVII, embora Descartes considerasse a interação entre corpo e mente – ainda que distintos – importante para a medicina, diagnosticando males de origem emocional e recomendando relaxamento e meditação junto a tratamentos físicos.

A era da medicina de cabeceira, preocupada com o equilíbrio humoral, chegou a seu término no final do século XVIII, com a Ilustração e a Revolução Francesa. O fisiologista, do qual derivaria a palavra *physician*, era observador da *physis*, da natureza, e tinha que aprender sua filosofia exatamente no que se refere ao homem, matéria prioritária da medicina. A medicina de cabeceira, entretanto, tinha alcance limitado e com frequência restringia-se a acompanhar o doente no seu leito até a morte.

Em 1794, criaram-se em Paris três novas escolas de saúde, e pela primeira vez o cirurgião era respeitado do mesmo modo que o fisiologista. Esse fato foi precursor do surgimento da anatomia patológica, permitindo estabelecer a relação entre o sintoma e a lesão orgânica após a morte. Uma nova compreensão do corpo humano fazia-se possível, unindo o fisiologista e o cirurgião, e a medicina transformou-se em disciplina científica.

Substituindo a antiga teoria dos humores e a observação de reações de cada paciente individualizado, procedia-se ao estudo em série nos hospitais. Médicos compilavam registros e resultados de autópsias, relacionando sintomas a lesões orgânicas: o sujeito doente transformava-se em objeto de autópsia e de estudo.

A abordagem reducionista, decorrente da visão cartesiana de organismos vivos como sistemas mecânicos, foi útil para a biologia e para a compreensão de processos químicos em nível celular, culminando com a compreensão da natureza química dos genes. A medicina tornou-se biomedicina, acompanhou o desenvolvimento da biologia e, graças ao estudo detalhado de componentes do corpo, adquiriu capacidade de manipulação e de controle impossíveis de serem feitas anteriormente.

No século XVII os fisiologistas se dividiam. De um lado, os iatroquímicos, seguidores de Paracelso, com compreensão química das funções fisiológicas e, de outro, os iatromecânicos, aplicando o método mecanicista à descrição de funções corporais, como William Harvey e sua descrição do fenômeno de circulação do sangue. Com Lavoisier e Galvani no século XVIII, descobrindo a respiração como forma de oxidação e a transmissão de impulsos nervosos associados a uma corrente elétrica, os mecanismos eram acrescidos de complexidade: fenômenos químicos e interações físicas, não somente mecânicas, eram reduzidas aos menores constituintes. No século XIX, com o estabelecimento da teoria celular, a célula aparecia como unidade fundamental da vida; enormes progressos foram feitos no sentido de compreensão das estruturas e funções de subunidades da célula, a microbiologia, a embriologia, as leis da hereditariedade. Os grandes êxitos da ciência médica do século XX basearam-se no conhecimento detalhado do mecanismo celular e molecular.

Pasteur, no século XIX, estudava a origem da vida e a reprodução dos microrganismos, demonstrando depois a correlação entre bactérias e doenças. A teoria microbiana da doença, em termos reducionistas, entendia a bactéria como causa única da doença. Poucos anos antes, Claude Bernard, fundador da fisiologia moderna, foi o primeiro a assinalar a importância de um *milieu intérieur*, em que a constância do ambiente interno era condição essencial da vida independente. Sua teoria seria redescoberta no século XX com a noção de homeostase, termo criado pelo neurologista Walter Cannon para designar a tendência de organismos vivos de manterem-se em estado de equilíbrio interno. Pasteur e Bernard acabaram representando atitudes opostas sobre etiologia: causa única ou complexo de fatores. A teoria microbiana predominou, pois vinha ao encontro da necessidade de vencer as epidemias na Europa e estava de acordo com o modelo biológico. Criou-se o conceito de etiologia específica, podendo ser estabelecida posteriormente uma taxonomia das doenças. A especialização chegaria ao auge no século XX, enfatizando a nosologia e a localização de patologias com pesquisas que investiam em identificar microrganismos específicos e medidas para eliminá-los.

Na segunda metade do século, a imunologia retomava a importância das defesas naturais do organismo. O próprio Pasteur duvidava de explicações simplistas e interessava-se pelo efeito de fatores ambientais e pelo "terreno": as condições do organismo que reduziam as defesas contra as bactérias. Achava ele que uma pessoa saudável, física e mentalmente, teria mais resistência contra micróbios, e o médico devia se preocupar em restabelecer condições fisiológicas favoráveis à resistência natural.

A descoberta das imunizações - vacinas -, iniciadas por Pasteur em 1885, com a inoculação contra a raiva (Capra, 1982), e da penicilina, em 1928, que marcou o começo da era dos antibióticos, permitiria tratar de infecções e controlar doenças contagiosas. Mais tarde, se descobriu o uso da quimioterapia contra o câncer, e a indústria farmacêutica cresceu enormemente aliando-se à medicina.

Seguiu-se a descoberta da assepsia no campo da cirurgia, permitindo aperfeiçoar a técnica cirúrgica e os transplantes de órgãos. A expectativa média de vida, que antes não chegava aos 50, atingia nos Estados Unidos os 75 anos no final do século XX. As doenças eram tratadas por sua especificidade no modelo biomédico científico e, assim, podiam ser estudadas e controladas.

A endocrinologia avançava com o estudo das glândulas endócrinas e suas secreções hormonais (insulina, cortisona), reguladoras de grande número de funções. O uso de extratos animais e vegetais era conhecido pelas medicinas primitivas, populares, mas sem as possibilidades de manipulação de uma tecnologia avançada. Apareciam drogas para doenças crônicas, como diabetes, reumatismo, alergias, hipertensão, depressão. Surgia a pílula anticoncepcional, e as vitaminas sintetizadas ajudaram a erradicar o raquitismo e o escorbuto.

Apesar de controlar tantos males, a ciência médica, que tinha substituído as artes médicas, ainda não compreendia bem suas origens. Uma nova revolução parecia trazer a solução aguardada, com a possibilidade de manipulação genética. A tecnologia empregada para compreender o funcionamento e a composição dos genes transformou-se na base da indústria biotecnológica, ponto máximo da teoria da especificidade. Surgia, em 1990, o Projeto Genoma Humano, com o propósito de clonagem e sequenciamento de todos os genes. Vislumbrava-se o transplante genético para curar doenças como câncer, por exemplo, com alguns experimentos bem-sucedidos. A tecnologia unia ciência, medicina e indústria. Atualmente a medicina exponencial incorpora com rapidez informática e outros meios, visando ao impacto da tecnologia na biomedicina e na saúde global.

Os cientistas, entretanto, divergiam: alguns achavam que ali estava a resposta final para a cura, outros viam as limitações de certas presunções, já que é muito difícil predizer o papel dos genes em funções biológicas complexas. Surgia, depois, a epigenética, considerando a interação entre os genes, o ambiente e a microbiota, que é o estudo do efeito das bactérias no intestino e sua interferência no equilíbrio do organismo (Jobin, 2018).

Após o entusiasmo de tantos avanços, previa-se que a biologia do século XXI devesse ser tratada como a biologia da complexidade, e a saúde, como forma de equilíbrio interno e externo (Friedman, 2014; Golub, 1994).

> *Não será um equilíbrio baseado em ideias místicas ou na teoria grega dos humores, mas numa compensação entre células, moléculas, e a expressão de genes . . . No século XXI estaremos em via de aprender a viver e morrer com esta perspectiva mais realista, e não com as ideias de especificidade rigorosa que herdamos da era de caçadores de micróbios. Quando o conseguirmos, teremos começado a mudar a metáfora. (Golub, 1994, p. 264)*

O modelo biomédico, e a própria biologia, pouco auxiliavam a lidar com os sistemas vivos como totalidade e com sua interação com o meio ambiente, representando a atividade integrativa dos organismos. Assim, uma perspectiva reducionista e fragmentada não permite compreender as mudanças e o metabolismo celular em atividades integrativas, nem o modo de equilíbrio e o percurso do ciclo metabólico. Uma perspectiva integral despontava contra o sistema tecnológico que promovia a desmedida de ações médicas, por exemplo, mediante terapias agressivas nem sempre necessárias, ou modos artificiais de prolongar a vida em hospitais, sem qualidade.

A cultura de negação e a cultura da afirmação da subjetividade

Desde os anos 1970 o público tem demandado mais informação e coparticipação de seus médicos. Estes reconhecem a necessidade de recuperar o clínico geral, recuperar o raciocínio clínico junto a dados de exames e, ainda, recuperar o todo: a alma e o coração da medicina (Lown, 1997; Lopes, 1998; Arruda Martins, 2000; Coulehan, 2005).

Entendem tais médicos que as dissociações são danosas: "Não há toque que substitua uma tomografia computadorizada no caso de um tumor no cérebro, não existe tomografia computadorizada que detecte a infelicidade de um paciente como origem daquele aperto no coração que se traduz em incômodos físicos" (Scliar, 1996, p. 7).

A especialização não necessita caracterizar uma dissociação quando atende a especificidades sem perder de vista o organismo integral; diferenciação difícil no ato, particularmente quando se trata de situação limite. Seguindo a história da medicina científica e de seu ensino, remete-se a dois de seus fundadores as diretrizes básicas que perduram até hoje.

Abraham Flexner – educador não médico – realizou em 1910 um estudo sobre a educação médica nos Estados Unidos e no Canadá a pedido da Carnegie Foundation que ficou conhecido como Relatório Flexner (*Flexner Report for Medical Education in the United States and Canada*); este expressa a postura positivista e o conhecimento seguro e científico mediante a observação e a experimentação. Os programas educacionais médicos continuariam até a atualidade, com sua ênfase no modelo biomédico, centrado na doença e no hospital. Esse modelo de saúde-doença unicausal, biologicista, é tido por alguns médicos como restritivo às relevantes dimensões sociais, psicológicas e econômicas da saúde. A reformulação proposta assegurava um padrão de excelência de acordo com o conhecimento científico, promovendo o professor pesquisador. Ao mesmo tempo, um modelo germânico de exclusiva racionalidade protelaria a arte da medicina e, ao deixar em segundo plano o médico atuante e pôr a educação nas mãos de pesquisadores assalariados, acabou dividindo a profissão a ponto de trazer insatisfação ao consumidor.

Um dos críticos da época foi William Osler, expoente do mestre clínico. Em 1889, com 40 anos, assumiu o cargo de professor de medicina na recém-criada Johns Hopkins Medical School, em Baltimore, a qual se tornaria o protótipo das escolas médicas americanas contemporâneas. Em 1911 escreveu ao presidente da Johns Hopkins, declarando-se alheio ao ideal da escola clínica de entregar os estudantes a um grupo de professores que desconhecem as condições que os jovens médicos iriam viver. Acrescentava que o foco desses médicos seria muito estreito e receava criar uma geração de clínicos arrogantes e vaidosos.

Considerado um médico humanista por excelência, mostrava compaixão e vinculação com seus pacientes, transmitia confiança na recuperação, ensinando os alunos a se comunicarem com os pacientes em vez de isolar a doença. Sem ser propriamente simpático, mostrava empatia com seus pacientes. Entretanto, no discurso de 1889, "Aequanimitas", Osler (1905) advogava certa medida de insensibilidade para o exercício de um julgamento calmo, ainda que não se devesse endurecer totalmente o sentimento: "sem endurecer o coração humano pelo qual vivemos". O texto é repleto de citações literárias e de metáforas contra a arrogância e o domínio da verdade absoluta, apontando os riscos de uma vida unilateral e incentivando a coragem perante as tristezas enfrentadas na profissão.

Equanimidade e imperturbabilidade mantêm-se os motes do exercício correto da medicina, o que desemboca, quase inevitavelmente, na instituição de uma cultura de negação da subjetividade (Pagliosa & Da Ros, 2008; Duffy, 2011; Rae, 2001; Osler, 1905; Bryan, 1999).

Surge, na contracorrente, uma necessidade de diversificar o domínio da medicina organicista, tendência aceita por muitos pesquisadores atuais; no Brasil, um médico notável como Luis Venere Décourt - premiado com o troféu Guerreiro da Educação, título de professor emérito - advertia sobre o uso parcial da técnica e sobre a importância de considerar o ser humano em sua integridade (Décourt, 2000).

Voltando a Osler, ele incluía no exercício da medicina o ideal da compaixão. Em 1919 proferiu a conferência "As antigas humanidades e a nova ciência". Nesta, citou Hipócrates: o amor à humanidade associado ao amor ao artesanal - filantropia e filotecnia -, amor à humanidade, amor à tecnologia. A alegria do trabalho unida ao verdadeiro amor fraterno. O intuito último da medicina visaria vincular compaixão com competência técnica.

Depreende-se que o modelo biomédico é fundamental, mas insuficiente, para entender o funcionamento global do organismo, propondo-se algumas situações nas quais a compreensão parcial é satisfatória e, principalmente, eficiente, e uma maioria em que é indispensável considerar interações fisiopsicológicas. Para tal, outro modelo deve ser acrescentado, o qual pode ser chamado de medicina integral. Mas, antes, faz-se necessário assinalar alguns pressupostos do que se entende por uma cultura humanista que incorpora a subjetividade.

A cultura humanista na medicina

A ciência fundamenta-se no raciocínio lógico e instrumentaliza-se na tecnologia; no entanto, antes de serem conhecidos cientificamente, muitos fenômenos foram intuídos por meio de raciocínios indutivos e percepções menos racionais. Quando se aplica o reducionismo como método de conhecimento para efetuar análises detalhadas e operar por partes, não deixa de haver um toque de subjetivação do pesquisador, que escolhe como tratar seu objeto de estudo. Em termos de conhecimento científico, a ciência clássica, fundamentada em quatro pilares – o princípio da ordem, o princípio da separação, o princípio da redução e o caráter absoluto da lógica dedutiva –, atravessou as revoluções científicas da física a partir de 1900 e a emergência das ciências sistêmicas, reagrupando disciplinas diversas em torno de um complexo de interações: "A desordem não substitui a ordem. Ela é a partir de então inseparável. As ideias de ordem e desordem cessam de se excluir absolutamente uma à outra, ou melhor, elas podem tornar-se complementares" (Morin & Le Moigne, 2000, p. 103).

O método condizente a essas revoluções deveria incluir a incerteza, ou seja, estratégias que permitissem enfrentar imprevistos – o inesperado – e modificar seu desenvolvimento em virtude das informações adquiridas. É um tipo de pensamento que incorpora a complexidade, que respeita as diferenças e reconhece a unicidade, que se pauta pelo paradigma da integração. A concepção fragmentada e mecânica se complexifica em concepção holística, orgânica, proposital, acrescida da subjetividade do pesquisador, incluindo a função da percepção e da cognição no processo de inquérito científico (Morin, 2000a, 2000b; Vasconcellos, 2000).

Devido à dissociação subjetivo-objetivo ocorrida no final do século XVIII nas universidades europeias, a subjetividade foi em grande parte banida da mentalidade científica do século XIX e não pôde ser empregada criativamente a serviço do conhecimento. Não se trata de permanecer num polo ou outro, mas de considerar a validade e a pertinência de ambos, em que o pensamento científico deveria promover a reunião das esferas do subjetivo e do objetivo. Entretanto, o risco da subjetividade mal elaborada justifica as críticas racionais, pois esse tipo de subjetividade consiste em oferecer uma descrição da realidade de acordo com o desejo do sujeito, incentivando a superstição e o obscurantismo (Byington, 1996).

A perspectiva científica aplicada à medicina, epistemologicamente, requer englobar a subjetividade junto ao rigor da pesquisa, a certeza e a incerteza, o todo e as partes, sem prejudicar a discriminação. Já não haveria uma polarização excludente, mas uma diferenciação de momentos e de pertinências, diferenciando cada método e sua utilidade dentro de limitações de atuação e de objetivos, vislumbrando a doença como processo.

Com o intuito de incluir a subjetivação de modo adequado ao ato médico, as humanidades começaram a ser inseridas no ensino médico. Entende-se por *humanismo* a formação do espírito humano pela cultura literária ou científica, diferente, mas não oposto, a *humanitarismo*, que é o amor à humanidade e o trabalho para o bem da humanidade (Ferreira, 1975).

Nos Estados Unidos, no final dos anos 1960, organizaram-se as Medical Humanities para criar programas de educação humanista de início em três escolas de medicina protestantes, por um grupo de pessoas inicialmente de orientação religiosa. Em 1966 fundou-se a Society for Health and Human Values, depois se criou um Comitê de Educação Médica e Teologia, cujas questões iniciais eram a despersonalização, a biologia molecular e o ensino de uma medicina mecanicista.

A Sociedade transformou-se no Institute for Health and Human Values, desvinculando-se da religião, dirigido por Lorraine Hunt e Edmund Pellegrino. O seu objetivo foi definido como: "Identificar explicitamente os valores humanos que estão faltando ou estão insuficientemente representados no estudo e prática da medicina, e começar a remediar o déficit" (Fox, 1985, p. 334).

Cabe uma observação importante para não incorrer em reducionismos ideológicos: o médico dedicado aos pacientes que emprega a tecnologia é um humanista na acepção de trabalhar para o bem da humanidade. Portanto, o termo em voga torna-se inadequado e deveria ser suplantado por especificação da subjetivação e incorporação de atributos em vez de classificações nosológicas do que seja ou não humanismo. Por sua vez, o Instituto mencionado há pouco, nos anos 1970, tornou-se menos crítico – ou radical – com a profissão médica e mudou seus objetivos para: identificar problemas devido ao avanço nas ciências médicas e mudar a atitude do profissional e do reconhecimento do público, motivar a atenção à pessoa, a seu sofrimento, a sua esperança, à saúde, ao adoecer.

Note-se ainda que essa perspectiva, que aparenta ser filosoficamente inquestionável, nem sempre é imediatamente aplicável à atuação médica. Há muitos médicos que questionam a crítica ao médico técnico, pois o paciente pode requerer isso dele ao possuir o único recurso aplicável, chegando ao paradoxo de se questionar se o usuário prefere um médico atencioso ou aquele que tem pouca curiosidade com o entorno cultural do paciente, mas estuda atentamente resultados de laboratório e a evolução do paciente no adoecer. A resposta ideal de que ambas as atitudes podem coexistir nem sempre é aplicável (Mandell, 1992).

A crítica é pertinente, devendo-se entender que o contexto, o momento de intervenção e a necessidade comandam a relação e suas interfaces. Há de se levar também em conta que o raciocínio "ou isto ou aquilo" raramente se assevera correto, apesar de ser imperativo em determinadas circunstâncias.

Referências

Arruda, P. V. (1999). A relação entre alunos, professores e pacientes. In L. R. Millan et al., *O universo psicológico do futuro médico* (pp. 43-73). São Paulo: Casa do Psicólogo.

Arruda Martins, M. de. (2000). *Integração do aluno na escola médica*. Apresentado no II Congresso Paulista de Educação Médica. Centro de Desenvolvimento de Educação Médica (CEDEM), São Paulo.

Barnard, D. (1987). The viability of the concept of a primary health care team: a view from the medical humanities. *Social Science Medicine, 25*(6), 741-746.

Bryan, C. S. (1999). Caring carefully: Sir William Osler on the issue of competence vs compassion in medicine. *BUMC Proceedings*, 12, 277-284.

Byington, C. A. B. (1996). *Pedagogia simbólica: a construção amorosa do conhecimento de ser*. Rio de Janeiro: Record/Rosa dos Tempos.

Capra, F. (1982). *O ponto de mutação*. São Paulo: Cultrix.

Coulehan, J. (2005). Today's professionalism: engaging the mind but not the heart. *Academic Medicine, 80*(10), 892-898.

Décourt, L. V. (2000). Entrevista. *O Estado de São Paulo*, Especial Educação, pp. 2-7, 10 nov.

Duffy, T. P. (2011). The Flexner Report – 100 years later. *Yale J Biol Med., 84*(3), 269-276.

Fox, D. M. (1985). Who we are: the political origins of the medical humanities. *Theoretical Medicine*, 6(3), 327-341.

Friedman, H. S. (2014). *The Oxford handbook of health psychology*. New York: Oxford University Press.

Golub, E. S. (1994). *Los límites de la medicina*. Santiago: Andres Bello.

Jobin, C. (2018). Precision medicine using microbiota. *Science, 359*(6371), 32-34.

Kafetsios, K. et al. (2016). Doctors' attachment orientations, emotion regulation strategies, and patient satisfaction: a multilevel analysis. *Health Communication, 31*(6). Recuperado de: https://www.tandfonline.com/doi/full/10.1080/10410236.2014.993497?needAccess=true

Kleinman, A. (1988). *The illness narratives*. New York: Basic Books.

Lopes, A. C. (1998). Ensino à beira do leito: uma verdade inabalável. *Revista da Associação Médica Brasileira, 44*(3), 167-168.

Lown, B. (1997). *A arte perdida de curar*. São Paulo: JSN.

Mandell, H. (1992). Humanities and medicine: a slightly dissident view. *Yale Journal of Biology and Medicine, 65*, 183-187.

Morin, E. (2000a). *Os sete saberes necessários à educação do futuro*. São Paulo: Cortez.

Morin, E. (2000b). *A cabeça bem-feita: repensar a reforma, reformar o pensamento*. Rio de Janeiro: Bertrand Brasil.

Morin, E., & Le Moigne, J. L. (2000). *A inteligência da complexidade*. São Paulo: Peirópolis.

Ferreira, A. B. H. (1975). *Novo Dicionário Aurélio Buarque de Holanda*. Rio de Janeiro: 1975.

Osler, W. (1905). *Aequanimitas with other addresses to Medical Students, Nurses and Practitioners of Medicine*. Philadelphia: Biakiston's Son & Co.

Pagliosa, F. L., & Da Ros, M. A. (2008). O Relatório Flexner: para o bem e para o mal. *Revista Brasileira de Educação Médica, 32*(4), 492-499.

Rae, A. (2001). Osler vindicated: the ghost of Flexner laid to rest. *Canadian Medical Association Journal (CMAJ), 164*(13), 1860-1861.

Rocha, H. (1998). Alguns desafios atuais para o médico e, em especial, para o clínico geral. *Jovem Médico, 3*(3), 183-187.

Scliar, M. (1996). *A paixão transformada*. São Paulo: Companhia das Letras.

Schwartz, M. A., & Wiggins, O. (1985). Science, humanism and the nature of medical practice: a phenomenological view. *Perspectives in Biology and Medicine, 28*(3), 331-359.

Vasconcellos, E. G. (2000). *Tópicos de psiconeuroimunologia*. São Paulo: Ipê.

Weatherall, D. J. (1994). The inhumanity of medicine. *British Medical Journal, 309*, 1671-1672.

A formação médica: o estudante, o residente, o médico

A formação nas boas escolas médicas prima pela cultura da objetividade já mencionada. O rigor indispensável ao desempenho satisfatório e a alta demanda de responsabilidade se impõem a jovens que mal saíram da adolescência e sofrerão com a carga dos anos de formação. O estudante de medicina já foi descrito como um adolescente tardio, com alto grau de imaturidade mesclada a prerrogativas da vida adulta; cheio de ideais, ingressa na faculdade e, diante das decepções e da sobrecarga emocional, acaba desenvolvendo sentimentos de tristeza, desapontamento, até alguma doença. Ele atravessa dois tipos de crise que se entrecruzam: a da juventude inicial e a da escolha profissional. As crises na faculdade são múltiplas: iniciam-se com o ingresso e com as dúvidas quanto à aceitação por parte dos colegas e professores, o convívio com colegas e turmas, o relacionamento conflituoso com alguns professores, a dificuldade em estudar e acessar tantas informações, o primeiro contato com o cadáver, a repugnância com sujeira, excrementos e supurações, a crise de transição do ciclo básico para o clínico, o confronto com a morte e severas limitações.

Há uma contradição habitual subjacente entre o valorizado e o oculto. Atitudes desejáveis e enunciadas no currículo formal são embasadas em valores de respeito, altruísmo, cuidado, compaixão. No currículo informal e oculto transparece o distanciamento e adquirem-se extremos de desrespeito e de intolerância, chegando ao cinismo. Segundo Shapiro (2013), justifica-se o afastamento emocional para garantir a equanimidade, mas ignora-se a contradição.

O 1º ano constitui um rito de passagem no qual o estudante incorpora atitudes, valores, ética, comportamento e estilo de vida do médico. A socialização da profissão ocorre num ambiente que foi caracterizado como rígido e desumanizante e que não favorece a resolução da identidade com suas crises do desenvolvimento. Necessidades psicológicas do indivíduo, referentes a vinculação, individuação, autoestima, crítica, segurança internalizada, autoexpressão e criatividade, são qualidades frustradas durante o ensino médico, numa idade de passagem entre a adolescência e o início da vida adulta. O 3º ano oferece mais estabilidade, quando a identidade médica vai se consolidando, apesar de pressões que virão com o atendimento.

A segurança que vai se consolidando se faz à custa de atitudes de distância; chega a haver maltrato abusivo ao estudante, ocasionando aumento de estresse, diminuição de autoestima e tendência ao cinismo. Tais ocorrências têm sido consideradas e atendidas no ensino atual, procurando diminuir efeitos nocivos. Ainda assim, estudantes emocionalmente vulneráveis sofrem com a desidealização traumática que ocorre com relação aos médicos professores nos anos de afirmação de suas identidades, e há risco de depressão e dependências, principalmente alcoolismo (Arruda, 1999; Wolf, 1994; Silver & Glicken, 1990; Sheehan & Sheehan, 1990; Millan et al., 1998; Millan, 1999).

Na faculdade, costuma haver uma fase de euforia seguida de desencanto. Durante a primeira, a faculdade é idealizada como lugar de satisfazer todos os objetivos, e há uma alegria inicial reforçada pelo grupo familiar e social. Depois começam as dificuldades com as aulas, professores, resultados de provas; as notas são inferiores às costumeiras do ensino médio e a maneira de estudar deve mudar também. A dedicação a esse novo aprendizado tira do estudante o tempo de que ele dispunha para amizades e lazer, tendo de enfrentar uma necessidade de adaptação enorme, especialmente se veio de outra cidade na qual deixou sua família. Crises de desistência tendem a ocorrer durante todo o curso.

No 3º e no 4º anos, a adaptação escolar se deu de alguma maneira; o estudante ainda não tem responsabilidades pelo paciente, e é prioritária a adaptação social. Ocorrem angústias quanto à formação de grupos ou panelas e medo de ficar no lixão: os alunos rejeitados pelos outros. Também aparecem mais claramente as dificuldades financeiras. No internato (5º e 6º anos), acentuam-se o desânimo, a depressão e o sentimento de impotência no momento que o estudante se depara com seus limites e com os limites da profissão médica. Esse é o momento de transição entre o modelo acadêmico e o vir a ser profissional, durante o qual o estudante se defrontará com o atendimento ao paciente, a dedicação integral por meio de plantões, e a escolha da especialidade. O período todo de formação é acompanhado de forte competição entre colegas, a qual, em si, poderia ser estimulante, mas contribui também para o fechamento em grupos isolados e para a especialização precoce, quando o aluno busca garantir uma residência incentivado por alguns professores. O envolvimento constante com o sofrimento e com a vulnerabilidade humana junto à busca de consolidação da identidade pessoal e profissional são desafios frequentemente penosos.

Desenvolve-se um padrão do médico educado de maneira reducionista e que tem pouca habilidade para se comunicar com o paciente. "A maioria dos alunos despreza a relação médico-paciente e valoriza cada vez mais a tecnologia e a superespecialização. Acreditam, equivocadamente, ser possível fazer uma boa medicina a léguas de distância de seus pacientes" (Millan et al., 1998, p. 353).

Um estudo comparando respostas de estudantes dos anos 2000 e 2014 apontou qualitativamente para menor idealização declarada com a escola e maior apoio de grupos em 2014, o que pode apontar para mudanças positivas e mais realistas na formação (Wahba & Lotufo, 2018).

A residência

Residentes sofrem mais estresse durante o 1º ano, que tende a diminuir à medida que adquirem segurança e maior satisfação com o exercício do papel. As fontes de estresse e maiores dificuldades costumam ser: medo de errar, pressão do tempo, fadiga, plantões sucessivos, medo de contrair infecções, pacientes numerosos e hostis, comunicação dolorosa a paciente denominado terminal, falta de orientação e excessivo controle de supervisores.

Emergem sentimentos e emoções frequentes de raiva, revolta, desamparo; sentem-se explorados e desconsiderados. Pesquisadores de medicina ocupacional intrigam-se com o plantão de 36 horas de trabalho por 12 horas de descanso, em intensa dedicação, como soldados treinados que não podem mostrar fraqueza. Uma residente declara: "Em termos de experiência de vida é avassaladora, geradora de angústia e depressão, embora conte muitos pontos em termos de amadurecimento. É a transição entre a tutela e a independência, que poderia se dar de modo mais humano" (Nogueira Martins, 1994, p. 210).

Há falta de atenção com a própria saúde, e o único cuidado costuma ser a prática de exercícios, em geral de forma obsessiva. Mandell (Mandell & Spiro, 1988) observa com humor que a escola médica e os anos de residência podem levar à conclusão de que sobreviver a esses programas traz um sentimento de também ser imortal. Esse senso metafórico de imortalidade tem um sentido também na superioridade em relação ao paciente: os estudantes e residentes vão adquirindo atitudes de afastamento, impaciência e preconceitos, com tendência ao cinismo, durante a profissionalização médica. Parece aumentar a confiança nas habilidades e nas competências ao passo que diminui a habilidade de estabelecer um bom relacionamento com o paciente e de atribuir significado a fatores emocionais e sociais (Adler, Werner & Korsch, 1980; Wolf, 1994; Sheehan & Sheehan, 1990; Nogueira Martins, 1994; Gonçalves Jr., 1996; Elks, 1985; Hamilton, 1988; Notman, Salt & Nadelson, 1984).

Estresse, depressão

Estudos comprovam diminuição estatisticamente significativa nos níveis séricos de testosterona de residentes – talvez decorrente de estresse e privação de sono –, aumento de sintomas depressivos em estudantes e, no 1º ano, diminuição de autoestima e de sentimentos positivos, como alegria, contentamento, vigor, afeição, e aumento de emoções como depressão e hostilidade.

Apesar de ser considerada uma profissão que provê prestígio e satisfação, há estudantes e médicos que desistem ou que apresentam transtornos de *burnout*, depressão, adições e ideação e comportamento suicida. Revisões sistemáticas e estudos longitudinais de literatura feitos sobre o suicídio especificamente em médicos identificam que as taxas de suicídio nessa população são mais elevadas do que as da população geral e de outros grupos acadêmicos. Os diagnósticos associados mais comuns são transtornos do humor, alcoolismo e uso de drogas. Os estudantes de medicina e residentes, por sua vez, têm mais possibilidade de sofrer de depressão e de ansiedade e ter pensamentos de desesperança em comparação a alunos de outras pós-graduações e adultos jovens em geral. O *burnout* tem alta taxa, mais frequente em médicos generalistas e jovens (Cantilino, 2016; Anderson, 2018; Cremesp, 2017).

Os principais fatores de risco para esse transtorno em estudantes e residentes são grande carga de trabalho, privação de sono, dificuldade com pacientes, ambientes insalubres, preocupações financeiras e sobrecarga de informações; em médicos, insatisfação com o ambiente de trabalho, pacientes agressivos, sobrecarga. Costuma haver desconsideração do estresse e de desconforto psicológico, acobertando os problemas de familiares e de amigos, uma atitude provavelmente decorrente do distanciamento treinado na formação e na profissão que se incorpora à defesa de invulnerabilidade como forma de enfrentar a decepção e sentimentos de fragilidade e de incertezas. A autodestruição pode ser acionada como uma implosão de impotência e de hostilidade inconsciente dirigida a si por não sustentar a onipotência (Nogueira Martins, 1994; Wolf, Ingelfinger & Schmitz, 1994; Wolf, 1994; Millan et al., 1990; Hoirisch, 1976; Mandell & Spiro, 1988; Zaher, 1999).

Negação da subjetivação

Como exemplo a partir de observação, os seguintes estudos confirmam depoimentos pesquisados.

Os estudantes

Um grupo operativo realizado na Faculdade de Medicina da Universidade de São Paulo (FMUSP) com estudantes de 3º ano mostrou motivação e desejo de ajudar, por vezes idealizado, comprometimento com a medicina e atenção aos pacientes (Wahba, 2001). No grupo manifestava-se com frequência a relutância em aceitar uma linguagem subjetiva, tida como divagativa e imprecisa. Foram reconhecidos atributos médicos como: vigor/força, energia, fidelidade, faro, esperteza, nutrição, rapidez, ferocidade, bem como vaidade e dualidade. A atividade médica, para eles, se concentrava na intervenção, com ação secundária na profilaxia.

O paciente temido apareceu como aquele de multiqueixas, agressivo, com poder (econômico e/ou prestígio social), fisicamente atraente, idoso ou terminal, hipercrítico e esnobe, além do colega médico que desvia informações e não permite ser tratado. Perante tais pacientes, temem ser intimidados, sentir-se anulados, não ter coragem de enfrentá-los ou incorrer em erros. Outros medos são a impossibilidade de manter relação satisfatória, o sentimento de impotência, o sentimento de inferioridade, e a tendência à reação de revanchismo ou distanciamento excessivo.

Como temores em geral, apontaram: o medo de errar, o medo de intimidação e de perder o poder, a insegurança, a confusão de sentimentos, o medo de ser julgado, de falhar nas expectativas, de falhar na comunicação, e ressaltaram o peso de assumir responsabilidades e de receber alta expectativa do grupo. É possível depreender desses relatos que o paciente temido é muitas vezes aquele que desperta sentimentos que o médico (estudante) teme sentir.

Foi discutida a carga na condição de estudante em decorrência de estresse contínuo, ritmo acelerado, suportar cansaço, sono, alimentação insuficiente, dificuldades financeiras, estar longe da família, receio de ser excluído do grupo, dúvidas, incertezas, ansiedades sobre possíveis escolhas de carreira, atitude arrogante de médicos, enfermeiras agressivas ou defensivas, preconceitos do público a respeito deles como se fossem diferentes, o que desperta atitude defensiva. Eventos estressantes abundam, como falha, morte de pacientes, situações sem saída, necessidade de comunicar notícias ruins, dificuldades financeiras, carga familiar. Sobre o clima na escola, nem sempre achavam ser justo, por fomentar a desconfiança, a competitividade e o receio de ser excluído, o que contaminava a relação entre os próprios colegas.

As gratificações provêm de salvar alguém, ser bem-sucedido num caso difícil, obter prestígio profissional, as quais também combatem o estresse. Outros modos de se recuperar de estresse seriam o contato com família, amigos, colegas e namorados/as e o lazer.

Em relação a sentimentos com o paciente, consideraram que cabe empatia e "quase" amizade, não cabe o amor. Sobre expressar o que sentem a colegas e professores, revelaram contenção com receio de exposição, provocando receios, dúvidas, incertezas; a vigilância do grupo aparece forte com manutenção de coesão grupal em situações de ameaça a ele/à classe.

Metade do grupo concordou que sentimentos como tensão, frustração, insegurança contribuiriam em parte para as compulsões envolvidas em alcoolismo, adições e distúrbios alimentares.

Segue uma observação que parece pertinente à diferenciação entre culturas da objetivação e da subjetivação. Ao finalizar as sessões do grupo operativo, houve em emissão de palavras contadas a partir de questionários respondidos uma diferença estatisticamente significativa do verbo sentir e um início de apreciação de linguagem subjetiva do paciente em entrevistas que fizeram em salas de espera de hospital, vinculando a história pessoal a queixas, bem como conexão com um evento marcante na escola e efeitos do estresse na doença; a linguagem se mostrou um fator importante na relação médico-paciente e na comunicação com o paciente, particularmente para a formação de uma aliança e confiabilidade.

Entretanto, declaradamente, acabaram prevalecendo na maioria, talvez para evitar dissonâncias cognitivas com o ambiente, dúvidas sobre tais qualificações não serem conclusivas e declarações de que não caberia ao médico essa preocupação.

Os residentes

Em um grupo operativo conduzido por Wahba (2001) com residentes da FMUSP notou-se que a compaixão e a dedicação ao paciente estavam presentes, mas se devia evitar o envolvimento e as emoções decorrentes de vivências de perda e de finitude, que arriscariam anular a capacidade de agir e de decidir. A resolução se daria pela evitação, e surgiu uma frase característica: "ficar em cima do muro". Se, de um lado, valorizavam o respeito à individualidade, apreciando o fato de dar um nome ao paciente, de outro, considerar seus sentimentos ou emoções era descabido, e fornecer alento era interpretado como incorrer em "falsas esperanças danosas". Era valorizada a comunicação eficiente, em que o tempo com o paciente seria inversamente proporcional à precisão diagnóstica, ou seja, quanto mais se sabe, menos se necessita dialogar com o paciente.

Verificou-se que tendiam a assumir um papel profissional rígido com medo de fraquejar, enquadrado dentro de normas de um sistema altamente exigente. Nesse papel não cabem fraquezas físicas ou psíquicas, e as defesas sustentam a exibição de uma identidade profissional poderosa e assertiva. A adaptação adquire um valor de prova, e sua conquista contrapõe-se ao sofrimento que os residentes deviam suportar. Percebiam uma pressão exercida por residentes mais velhos e uma constante competição pela excelência, formando uma rede de expectativas e de códigos difíceis de serem quebrados ou maleabilizados e uma pressão constante que interferia na saúde deles. A atitude de enfrentamento relegava cuidados pessoais com a própria saúde, de maneira que cansaço, falta de sono e resfriados eram resignadamente aceitos como inevitáveis.

Os residentes não viam a princípio a necessidade de integrar o aspecto emocional e compreendê-lo no paciente e, muito menos, em si mesmos. Consideravam que seria um desvio da atenção objetiva indispensável para ajudar, salvar, curar. O paciente podia ser fonte de ameaça, seja pelo sofrimento que ocasionava quando não havia chance de curá-lo, seja pela agressividade que podia vir a demonstrar. Também era gratificante e agradecido, o que dependia em grande parte da eficiência do médico. Em termos de atitudes, transparecia uma crença (elemento cognitivo da atitude) de que os fatores psicológicos são irrelevantes para o tratamento e uma desvalorização (elemento afetivo) do componente psíquico. Não demonstraram incluir esses fatores na conduta clínica por considerá-los irrelevantes ou nocivos. Os sentimentos de compaixão eram seguidos de defesas de racionalização e de negação, ocasionando dificuldade de comunicação. Infere-se, pois, que eles não possuíam instrumentos para veicular esses sentimentos dentro do enquadre médico, devendo, portanto, reprimi-los. A carga emocional tornava-se muito forte, e os residentes, sem meios de poder expressá-la, empregavam as defesas psicológicas que provocam distanciamento e atitude impessoal. Desse modo, eles procuravam manter a equanimidade para intervir com objetividade e eficiência, e tentavam também amainar o sofrimento que o sentimento de compaixão lhes despertava.

Os médicos

Entrevistas realizadas com médicos (Castelhano, 2015; Wahba & Castelhano, 2019) observaram uma continuidade em relação aos relatos de estudantes e de residentes. Em outro contexto, mantém-se o teor que os identifica a uma cultura de valores semelhantes e compartilhados.

Na relação com o paciente, os relatos apontaram que contribui positivamente para a motivação a gratificação com a cura, os pacientes agradecidos e confiantes; o paciente visto como positivo/fácil é aquele que valida seu médico e tem sentimentos de gratidão, despertando neste a compaixão. Tal paciente reforça o papel do médico como salvador e desencadeia sentimentos de valia, de prazer, de autoestima, de sentir-se amado.

Em contrapartida, contribui negativamente o paciente questionador, exigente, que desperta no médico impotência e insegurança, desencadeando emoções como raiva, decepção e ressentimento; pesa o sentimento constante de se sentir cobrado e avaliado, necessitando se provar e demonstrar eficácia; pesa o sofrimento com fracassos, limitações, morte, pacientes insatisfeitos que procuram outras opiniões. Os médicos temem situações de violência e ataques a que são submetidos na profissão, ou seja, existe um entorno de violência com o qual precisam lidar constantemente em consultórios ou hospitais.

As demandas da relação médico-paciente despertavam com frequência sentimentos de frustração perante a perda de valorização, a falta do reconhecimento e a falta de gratidão pelos anos de sacrifício e de dedicação. Transpareceu o que foi considerado uma ferida emocional que expõe um sofrimento decorrente de experiências de fragilidade e de impotência diante do outro.

Sobre a percepção de emoções no atendimento, em geral, médicos mais velhos declararam-se mais impactados diante dos estímulos emocionais sem, no entanto, terem muitos recursos para lidar com eles. Declararam que era importante manter autoridade e conhecimento sem vacilações, o que se expressa em frases como: "gostamos simplesmente de lisonjearmo-nos com a ideia de sermos senhores em nossa própria casa". Nota-se a polaridade onipotência-impotência, cabendo ao paciente esta última, com submissão e desinformação, e causa irritação quando este procura informações via internet e outras fontes, pois isso é entendido como uma desautorização e uma quebra de vínculo. Transparece a falta de flexibilidade do médico para um diálogo compreensível, sem abdicar de sua autoridade legítima.

Exemplificando: um dos médicos relatou ter decidido não operar uma de suas pacientes já internada porque a indicação que ele fizera de um colega para o acompanhamento clínico não tinha sido seguida. O médico não percebeu a reação emocional de ofensa que o fez tomar essa atitude extrema. Outros relatos demonstraram desgaste e desconfiança nos vínculos, desencadeando recusa de atendimento.

Todos eram imbuídos de sentimento de bem fazer, de cuidar da melhor maneira possível, de se preocupar com o bem-estar dos pacientes e da gratificação que provinha de contribuir com a recuperação ou cura. Reconheciam também a frustração e a raiva, admitidas como reação defensiva para revidar um ataque, mas parecia inacessível perceber a impotência, a vulnerabilidade, o desamparo, e, com frequência, o paciente tido como difícil era aquele que de alguma maneira vinha questionar a segurança do médico, provocando irritação ou incômodo excessivo. Situações que despertavam sofrimento, principalmente perante agressões sem fundamento, que são mais comuns do que se poderia prever, eram penosas de lidar.

Uma das estratégias empregadas envolvia defesas como a evitação e a racionalização, a manutenção de neutralidade e de autocontrole, o distanciamento via negação e ironia. Frases como "mas eu sou médico, não tenho afeto nenhum", ou "preciso suportar porque sou médico", denotam as defesas recorrentes.

Com respeito ao reconhecimento de emoções no atendimento, houve aqueles que admitiam ser importante reconhecê-las para que não interferissem no atendimento e aqueles que as percebiam negativamente, devendo ser eliminadas para assegurar o autocontrole. Os primeiros, apesar de se manterem atentos às emoções, pouco conseguiam manejá-las, mas exibiam menor distanciamento afetivo e maior disponibilidade de compreensão de dificuldades do paciente.

Em suma, foi inferida a partir das entrevistas a satisfação de bem cuidar e uma ferida emocional com sentimentos de vulnerabilidade, desamparo, tristeza e desvalorização, sensação de dor muitas vezes muda, sem continência. Os laços de identificação ao grupo parecem reforçar a identidade de ser médico mediante a força, a determinação, a imperturbabilidade.

Referências

Adler, R., Werner, E. R., & Korsch, B. (1980). Systematic study of four years of internship. *Pediatrics, 66*(6), 1000-1008.

Anderson, P. (2018). Médicos têm a mais alta taxa de suicídio dentre todas as profissões. *Medscape*. Recuperado de: https://portugues.medscape.com/verartigo/6502361

Arruda, P. V. (1999). A relação entre alunos, professores e pacientes. In L. R. Millan et al., *O universo psicológico do futuro médico* (pp. 43-73). São Paulo: Casa do Psicólogo.

Cantilino, N. S. A. (2016). Suicídio entre médicos e estudantes de medicina: revisão de literatura. *Revista Brasileira de Educação Médica, 40*(4), 772-780.

Castelhano, M. L. (2015). *As emoções do médico na relação com o paciente: uma abordagem da psicologia junguiana* (Tese de doutorado em Psicologia Clínica). Pontifícia Universidade Católica de São Paulo, São Paulo.

Conselho Regional de Medicina do Estado de São Paulo (Cremesp) (2017). Tentativas de suicídio entre estudantes de Medicina rompem silêncio sobre o tema. *Saúde Mental, 347*, 4.

Elks, M. L. (1985). The humanities in medical schools. *Annals of Internal Medicine, 102*(3), 414.

Gonçalves Jr., I. (1996). *Diminuição do tempo de atendimento ao paciente com infarto agudo do miocárdio após mudanças nas rotinas de diagnóstico e tratamento* (Tese de doutorado). Escola Paulista de Medicina, São Paulo.

Hamilton, R. J. (1988). Humanities in the medical school curriculum. *Archives of Internal Medicine, 148*, 484-485.

Hoirisch, A. (1976). *O problema da identidade médica* (Tese). Universidade Federal do Rio de Janeiro, Rio de Janeiro.

Mandell, H., & Spiro, H. (Eds.) (1988). *When doctors get sick*. New York: Plenum Medical Book.

Millan, L. R. (1999). O curso médico no Brasil. In L. R. Millan et al., *O universo psicológico do futuro médico* (pp. 31-42). São Paulo: Casa do Psicólogo.

Millan, L. R. et al. (1990). O suicídio entre estudantes de Medicina. *Revista do Hospital das Clínicas da Faculdade de Medicina de São Paulo, 45*(3), 145-9.

Millan, L. R. et al. (1998). Assistência psicológica ao estudante de medicina. In E. Marcondes & E. L. Gonçalves, *Educação médica* (pp. 340-354). São Paulo: Sarvier.

Nogueira Martins, L. A. (1994). Residência médica: um estudo prospectivo sobre dificuldades na tarefa assistencial e fontes de estresse (Tese de doutorado). Escola Paulista de Medicina, São Paulo.

Notman, M., Salt, P., & Nadelson, C. (1984). Stress and adaptation in medical students: who is most vulnerable? *Comprehensive Psychiatry, 25*(3), 355-64.

Shapiro, J. (2013). The feeling physician: educating the emotions in medical training. *European Journal for Person Centered Healthcare, 1*(2), 310-316.

Sheehan, K. H., & Sheehan, D. V. (1990). A pilot study of medical student "abuse". *Journal of the American Medical Association, 263*(4), 533-537.

Silver, H. K., & Glicken, A. D. (1990). Medical student abuse: incidence, severity, significance. *Journal of the American Medical Association, 263*(4), 527-532.

Wahba, L. L. (2001). Relação médico-paciente: subsídios da psicologia para a educação médica (Tese de doutorado em Psicologia Clínica). Pontifícia Universidade Católica de São Paulo, São Paulo.

Wahba, L. L., & Castelhano, L. M. (2019). Respostas emocionais de médicos aos estímulos afetivos do International Affective Picture System (IAPS). *Rev Bras Educ Med., 43*(3).

Wahba, L. L., & Lotufo, F. (2018). Houve uma mudança na percepção de estudantes de medicina do que significa ser um bom médico e de como educá-lo em um período de 14 anos? Um método de estudo misto. *Rev Bras Educ Med. [online], 42*(3), 201-213.

Wolf, A., Ingelfinger, J. A., & Schmitz, S. (1994). Emphasizing attitudes toward the doctor-patient relationship in medical education. *Academic Medicine, 69*(11), 895-896.

Wolf, T. M. (1994). Stress, coping and health: enhancing well-being during medical school. *Medical Education, 28*, 8-17.

Zaher, V. L. (1999). *Da vocação médica ao exercício profissional* (Tese de doutorado). Faculdade de Medicina, Universidade de São Paulo, São Paulo.

A medicina integral

> *A pergunta hoje não é se a medicina deve ser científica. A pergunta vital é como deve ser científica a medicina.*
>
> Lolas (2000, p. 159)

A integração entre explicação (biomédica) e compreensão (biopsicossocial) configura um novo modelo a unir rigor e racionalidade a atributos que foram excluídos da perspectiva biomédica. Esta visão da medicina abrange distintas denominações: humanista, biopsicossocial, integral, antropológica, psicossomática, da pessoa, dependendo de cada escola e autoria. De modo abrangente, a noção de medicina integral remete à integridade e totalidade, conceito que individualiza o ser enquanto único, com suas metas, potencialidades e desenvolvimento característicos, englobando saúde e doença no viver e na procura de autorrealização, assim como as dificuldades e as limitações físicas e psíquicas.

Na busca de uma medicina tida como humanista surgiram as assim chamadas medicinas holísticas e alternativas, que têm sofrido deturpações, com métodos pouco científicos e buscas alternativas sem verificação rigorosa. Muitos desses movimentos intitulados naturais são reducionistas e rejeitadores da tecnologia, sem ter consistência a oferecer em troca.

Em 1992 foi criado nos Estados Unidos o Instituto Nacional de Saúde em Medicina Integrativa (National Center for Complementary and Integrative Health), no qual se investigam métodos de relaxamento, massagens, tratamentos com ervas, imagens, vitaminas, *biofeedback*, hipnose, homeopatia, acupuntura, exercícios e rezas. Posto que tais práticas são procuradas, elas não deveriam ser negadas pela medicina convencional, mas se fazem necessários métodos científicos para provar resultados e identificar os mecanismos de ação, a fim de otimizar seu uso combinando-as com a medicina baseada em evidências (Mani, 2015). Note-se que o termo medicina alternativa, também denominada integrativa e, ultimamente, não convencional, não equivale aqui à noção de medicina integral.

Nos Estados Unidos há centros cadastrados e reconhecidos de medicina integrativa que realizam pesquisas baseadas em evidências e que oferecem tratamentos considerados complementares, como naturopatia, quiropraxia, medicina tradicional chinesa, ayurvédica, homeopatia, e se mantêm associados a hospitais de medicina convencional (Horrigan, 2012). Na Universidade Estadual Paulista "Júlio de Mesquita Filho" (Unifesp) criou-se o Núcleo de Medicina e Práticas Integrativas (Numepi) em 2010, com princípios semelhantes e com o envolvimento de alguns departamentos da escola de medicina; oferecem-se tratamentos com homeopatia, plantas medicinais e fitoterápicas, medicina tradicional chinesa, acupuntura, medicina antroposófica, termalismo social e crenoterapia.

Um expoente significativo de médicos atuantes, altamente competentes e rigorosos cientificamente, tem se manifestado contra uma visão unilateral do exercício médico, sem se afastarem do campo da ciência e, ainda mais, completando-a com uma perspectiva renovadora, a qual é indispensável para o conhecimento, a observação, o desenvolvimento científico. Deixando clara essa perspectiva de integração e superação de dicotomias, seguem alguns pressupostos: o conjunto de processos de desenvolvimento científico da medicina deve considerar tanto a natureza biológica do ser humano como seu ser social; atribui-se uma hierarquia de sistemas agindo em cada nível, incluindo o espiritual, com o método adequado; a doença é vista em termos de processo, envolvendo um desenvolvimento no tempo, em vez de ser considerada um evento estático.

O médico, para lidar com pessoas em sua inteireza, há de levar em conta os efeitos do passado, as mudanças, os desdobramentos do futuro, a incerteza, o desenrolar do tempo. Essa perspectiva diferencia *disease* de *illness*: a primeira, isolada, afetando determinadas células e órgãos, é constante na maneira de se expressar; já a enfermidade (*illness*) causada por determinada doença (*disease*) é única, e difere de outros episódios de enfermidade em função da pessoa na qual ela se dá. Fatores genéticos, ambientais e psicológicos, hábitos e crenças influenciam a maneira pela qual a enfermidade evolui.

Quanto à dicotomia entre a realidade objetivamente verificável e o “irreal das humanidades”, tida como postura meramente filosófica e afastada da realidade da doença e de evidências, os médicos que aderem aos princípios integralistas entendem que a ciência que cura – baseada em evidências, avanços tecnológicos e pesquisa rigorosa – se alia à arte de cuidar, ainda que tais componentes possam estar em conflito em circunstâncias específicas. A escolha do procedimento visa determinada pessoa, com um tipo de patologia e grau de gravidade, em momentos e situações de vida particulares (Lolas, 2000; Dossey, 1984; Cassell, 1984; Pellegrino, 1974a).

Consideram-se interligados o componente cognitivo (raciocínio, conhecimento, técnica adequada) e o componente afetivo (sentimento do médico pelo paciente, incluindo a compaixão). Ambos os componentes devem ser construídos numa base firme de competência técnica: "O médico humanista não tem autenticidade sem perícia profissional. A incompetência é desumana porque trai a confiança que o paciente deposita na capacidade do médico de ajudar a não danificar" (Pellegrino, 1974a, p. 1289).

Medicina biopsicossocial

Engel (1977, 1980, 1987), médico clínico e especializado em psiquiatria, fundamentando-se na teoria dos sistemas, elaborou o modelo biopsicossocial como complementação do modelo biomédico. Parte do princípio de um método científico que rejeita dicotomias e que leva em conta a intuição no processo cognitivo, a atenção interpessoal, incluindo a observação não verbal junto à fala do paciente. O ato médico insere a empatia – distinta da compaixão – como requisito para o trabalho científico no campo clínico, posto que a interação com o médico constitui efeito psicológico que pode modificar a doença diretamente, ou afetar indiretamente processos bioquímicos.

Ele credita a Flexner a fixação de regras para educar o médico dentro do conhecimento científico. Contudo, quanto à aplicabilidade, o modelo biomédico convertido em dogma é limitado – por exemplo, os achados laboratoriais podem não confirmar o aparecimento de uma determinada doença, mas mostrar uma disposição a ela, ou podem não ser avaliadas respostas psicofisiológicas a mudanças da vida que podem interagir com fatores somáticos. Engel parte da teoria de sistemas na biologia - de Paul Weiss e Von Bertalanffy -, segundo a qual conjuntos de eventos relacionados como sistemas manifestam funções e propriedades em distintos níveis de organização que se inter-relacionam, como moléculas, células, órgãos, o organismo, a pessoa, a família, a sociedade, a biosfera. Esse modelo permitiria à medicina compreender a doença como processo.

Tratando o paciente sob essa perspectiva, o médico necessita compreender e aplicar o procedimento adequado às qualidades e relações de cada nível de organização, apreendidos na experiência de vida do paciente, o que inclui seus sintomas. Um exemplo dado por Engel é o da hospitalização com arritmia letal de um paciente com instabilidade elétrica miocárdica pregressa quando exposto a estresse psicológico, que ocorreu nesse paciente durante um procedimento hospitalar que lhe foi penoso e estressante (Engel, 1980).

Medicina antropológica

Os autores citados a seguir adotam a conceituação de medicina psicossomática e antropológica de Viktor von Weizsäcker, de Heidelberg, que, em 1927, promulgava uma renovação na base de uma ciência natural reformulada na qual coubessem valores como virtude, solidariedade, reciprocidade e justiça, alheios à mentalidade científica da ciência europeia. Considera-se que uma medicina constringida exclusivamente ao biológico e descuidando do biográfico seria incorreta e tecnicamente insuficiente. "Uma medicina, digamos, que leva em si o germe da destruição" (Lolas, 2000, p. 156). Sem retirar do médico seu poder de decisão nem o colocar em plano de igualdade com o paciente, os princípios de solidariedade e de reciprocidade seriam respeitados.

A técnica é fundamental para a medicina, e esta é um *saber--fazer*, conceito de Lain Entralgo, conjugando conhecimento e interesse; existe também o *saber-estar*, que estabelece o aspecto moral do exercício do saber e a reflexão sobre o fazer. Seguindo o ensinamento hipocrático, não há preceptiva ética que deixe de se fundamentar na técnica-*techné*, de modo que a promulgada neutralidade técnica seria artificial, chegando aos absurdos sádicos cometidos pelos médicos do Terceiro Reich, com o uso da medicina para fins extramédicos. A valoração pode ser explícita ou tácita, mas sempre existe.

A Sociedade de Medicina Antropológica na Argentina foi fundada por Meeroff (1999), e visa acrescentar a qualidade antropológica da pessoa e do ambiente em que vive. Postula que toda patologia é sociopsicossomática e também pauta-se na teoria de sistemas segundo M. Bunge, semelhante à anteriormente mencionada: cada conjunto de propriedades age de acordo a leis que surgem temporalmente e não são constantes. A relação entre os níveis é assimétrica, ou seja, o inferior pode existir sem o superior, e uma vez que surge o superior, este organiza o inferior – por exemplo, cérebro (biológico), pensamento (psíquico).

Essa teoria vincula-se à teoria da complexidade e das probabilidades de um universo em inter-relação constante. Consequentemente, a doença decorre de um processo determinista e, ao mesmo tempo, não determinista, em que o processo mórbido que afeta o ser humano implica a totalidade da pessoa e sua integridade, com três facetas a serem observadas: a) fato visceral, do aparelho ou sistema; b) fato visceral do aparelho ou sistema, não anatômo-funcional, mas puramente funcional; c) fato pessoal, psíquico, presente em todo doente, mesmo naquele lesionado grosseiramente no sentido somático.

Assinalam-se riscos de excesso em ambos os sentidos: de um lado a *tecnolatria*, de outro a *tecnofobia*, distinguindo-se a tecnologia humanizada ou *tecnodemocracia* como atitude compreensiva do homem doente, humanizada em sua perspectiva nosológica e ecológica, no seu duplo enfoque antropológico e antropodinâmico, que leva em conta a influência genética e ecológica, em seus aspectos econômico e social. A medicina integral/antropológica investe também na medicina preventiva, comunitária, atendendo às condições de salubridade da população por meio de saneamento, alimentação, assistência sanitária, centros de prevenção (Meeroff, 1999).

Muitos médicos apontam a necessidade de ênfase na medicina comunitária sem necessariamente pertencer à corrente antropológica (Adams & Mylander, 1998; Marcondes, 1994b; Arruda Martins, 2000; Anderson et al., 2007).

Medicina da pessoa

Essa é outra nomenclatura para a medicina antropológica, um termo proposto por Tournier (1992) e Jores (1967) e, no Brasil, por Perestrello (1996). Apesar de se basear no fundamento da medicina psicossomática, Perestrello optou pelo termo "pessoa", posto que todas as doenças são psicossomáticas ou antropogênicas, e nelas a pessoa configura um processo mórbido segundo suas características, traços peculiares e biografia. Trata-se de uma abordagem compreensiva da medicina que não exclui a explicativa, pois, se assim fosse, o médico não passaria de um curandeiro ou charlatão. Os dados colhidos pela abordagem explicativo-causal são, entretanto, avaliados em função da abordagem compreensiva, na qual são estabelecidas relações de significado. O médico internista observa o processamento de fenômenos genéticos, bioquímicos, imunológicos e como esses interagem com outros fatores patogênicos.

As patologias funcionais e orgânicas não se distinguem com clareza, já que um distúrbio funcional que perdura pode transformar-se em lesão estrutural e um distúrbio orgânico, lesional, pode ter bom prognóstico. Portanto, leva-se em conta como a desordem ou lesão funciona dentro da configuração pessoal, na configuração pessoa-mundo, postulando que o genético é indissoluvelmente ligado ao ambiente e, à medida que o sistema nervoso evolui na escala zoológica, a programação genética perde sua rigidez, operando com possibilidades.

Após verificar alguns modelos de uma medicina entendida como integral, resta a pergunta: quais seriam as qualidades do médico que a exerce?

Atributos do médico

Na acepção popular, valoriza-se um médico considerado humanista; no entanto, como foi visto, o termo pode permanecer ambíguo, tornando-se pouco significativo. Cientes dessa problemática, Arnold, Povar e Howell (1987) definem o que entendem por humanismo, um termo que teria quatro vertentes aplicadas à medicina:

- competência técnica: utilizando o referencial segundo o qual a incompetência é desumana;
- atitude humanista: reflete motivações pessoais, fundamentadas em valores específicos para a escolha da ação. Um médico com atitude humanista se compromete a promover a dignidade e o valor de seus pacientes, tratados como indivíduos;

- conhecimento de conceitos humanísticos: conhecer conceitos como autonomia e efeitos da doença nos objetivos de vida e interações do paciente;
- comportamento humanístico: é o modo pelo qual o médico expressa suas atitudes e conhecimento. Um médico humanista pode comunicar efetivamente respeito, integridade e compaixão durante a interação com colegas e doentes.

Acresce-se o emprego das ciências humanas e sociais para compreender o paciente e o adoecer. Pode-se ver, por exemplo, como cada pessoa reage à dor em função da cultura à qual pertence, e como a cultura influencia a atuação médica. Aparentemente esses seriam atributos aplicados ao médico clínico, mas o cirurgião Richard Selzer (1994), por exemplo, especifica ser importante considerar como o cirurgião se vê, como é visto pelos pacientes, como o paciente e sua família são afetados pela doença, as expectativas do paciente diferindo daquelas do cirurgião, a dificuldade do médico de lidar com a dor que não regride.

O American Board of Internal Medicine (Abim) renovou o relatório com princípios para avaliar os residentes de hospitais que procuram certificado, e o subcomitê destacou competências a serem verificadas por meio de habilidades cognitivas e técnicas relevantes à prática. Outras competências devem ser incentivadas, como comunicação, trabalho em equipe, empatia e qualidade de aperfeiçoamento, consideradas vitais para o cuidado do paciente, mas difíceis de avaliar e dependentes dos contextos. São citados: conhecimento científico relevante e atualizado, responsabilidade profissional, perícia em diagnóstico, tratamento e promoção de saúde, uso de evidências científicas e aperfeiçoamento contínuo. Em termos de relacionamento mencionam-se habilidades interpessoais de comunicação com pacientes, familiares e equipe de saúde, reconhecimento de comunicação verbal e não verbal, compaixão, princípios éticos.

Médicos pesquisados na literatura enfatizam serem fundamentais competência, empatia, capacidade de informar adequadamente com clareza, compromisso aliado a responsabilidade, inteligência, treino, disponibilidade, vontade de trabalhar, decência com relação aos pacientes e colegas, integridade, compaixão, acolhida e, ainda, demonstração de afeto. A percepção de valores é importante, pois o médico deve diferenciar a autoridade utilizada em aspectos técnicos da imposição de valores e de crenças. Assinalam também os males da arrogância, por exemplo, mediante o paternalismo com insolência e a ausência de empatia, a arbitrariedade, a vaidade, a tomada de decisões sem admitir a falta de base científica para ela (Arruda Martins, 2000; Mandell, 1992; Jones, 1991; Barnard, 1987; Pellegrino, 1974b; Ingelfinger, 1980).

Dada sua condição de atributo inquestionável, vale deter-se no termo competência e associá-lo à introspecção, já que esta última pareceria um desvio do que seja desejável para um médico.

A informação isolada por si só não garante a competência, e, devido a tantas situações emergenciais, o treinamento médico tende a dar ênfase à atuação vigorosa, deixando de lado a função de introspecção. Em um aprendizado mensurativo não se aprende a conjeturar, a refletir, devendo-se sempre agir rapidamente, um *ethos* que apela para o fazer imediato. Importa diferenciar o pensamento manipulativo do heurístico, que leva em conta a formulação de problemas, a capacidade de gerar hipóteses, de designar um modo de solucioná-los, de selecionar critérios para a solução, de emitir julgamento de valor sobre a pertinência da solução. São funções que designam melhor a competência do que meramente a posse de um grande número de informações factuais.

Trata-se de uma reflexão-na-ação como uma rigorosa experimentação para provar um ponto de vista, ao mesmo tempo que se mantém abertura à evidência de uma falha na expectativa. O inquérito se dá em transação com a situação, na qual saber e fazer são inseparáveis. Realizando os ajustes adequados à situação clínica, essa observação é pertinente ao ato de realizar a decisão clínica (Mandell & Spiro, 1988; Schön, 1983; Marcondes & Gonçalves, 1998; Rocha, 1998; Warren, 1988; Pellegrino, 1979).

Ou seja, cada ato clínico é único, representando uma escolha adequada ao paciente, num momento particular, de acordo com os recursos gerais disponíveis e conhecidos, em atitude de respeito e de indagação contínua, afirmação com a qual concordam os médicos pesquisados. Contudo, na prática, os desafios, os imprevistos e as demandas são numerosos e intensos, ocasionando respostas diversas dos médicos ao atenderem seus pacientes, como será visto no próximo capítulo.

Referências

American Board of Internal Medicine (Abim). (2015). Recommendations to the American Board of Internal Medicine (Abim): a vision for certification in internal medicine in 2020. Recuperado de: https://www.abim.org/~/media/ABIM%20Public/Files/pdf/report/assessment-2020-final-report.pdf

Anderson, M. I. P. et al. (2007). A medicina de família e comunidade, a atenção primária à saúde e o ensino de graduação: recomendações e potencialidades. *Revista Brasileira de Família e Medicina de Comunidade*, *3*(11), 157-172.

Arnold, R. M., Povar, G. J., & Howell, J. D. (1987). The humanities, humanistic behavior, and the human physician: a cautionary note. *Annals of Internal Medicine, 106*, 313-318.

Arruda Martins, M. de. (2000). *Integração do aluno na escola médica*. Apresentado no II Congresso Paulista de Educação Médica. Centro de Desenvolvimento de Educação Médica (CEDEM), São Paulo.

Barnard, D. (1987). The viability of the concept of a primary health care team: a view from the medical humanities. *Social Science Medicine, 25*(6), 741-746.

Cassell, E. J. (1984). *The place of the humanities in medicine*. New York: The Hastings Center.

Dossey, L. (1984). *Beyond illness*. Boston: Shambala.

Engel, G. L. (1977). The need for a new model: a challenge for biomedicine. *Science, 196*(4286), 129-136.

Engel, G. L. (1980). The clinical application of the biopsychosocial model. *American Journal of Psychiatry, 137*(5), 535-544.

Engel, G. L. (1987). Physician-scientists and scientific physicians. *The American Journal of Medicine, 82*, 107-111.

Hoirisch, A. (1976). *O problema da identidade médica* (Tese). Universidade Federal do Rio de Janeiro, Rio de Janeiro.

Horrigan, B. et al. (2012). Integrative medicine in America – How integrative medicine is being practiced in clinical centers across the United States. *Glob Adv Health Med., 1*(3), 18-94.

Ingelfinger, F. J. (1980). Arrogance. *New England Journal of Medicine, 303*, 1507-1511.

Jones, D. D. (1991). Conference focuses on nonscientific side of medicine. *Canadian Medical Association Journal, 144*(8), 1046-1048.

Jores, A. (1967). *La medicina en la crisis de nuestro tiempo*. Madrid: Siglo XXI.

Lolas, F. S. (2000). *Bioética y antropologia* médica. Santiago: Mediterráneo.

Mani, J. et al. (2015). Use of complementary and alternative medicine before and after organ removal due to urologic cancer. *Dove Medical Press,* (9), 1407-1412._

Mandell, H. (1992). Humanities and medicine: a slightly dissident view. *Yale Journal of Biology and Medicine, 65*, 183-187.

Mandell, H., & Spiro, H. (Eds.) (1988). *When doctors get sick.* New York: Plenum Medical Book.

Marcondes, E. (1994a). Possibilidades de aperfeiçoamento do ensino médico de Graduação no Brasil. In *Metodologia educacional e ensino médico* (pp. 173-198). São Paulo: CEDEM. (Documentos CEDEM, n. 4).

Marcondes, E. (1994b). Os sete pecados capitais do currículo de graduação médica. *Ponto e Vírgula – Boletim FMUSP/CEDEM,* 30, 4-7.

Marcondes, E., & Gonçalves, E. L. (1998). *Educação médica.* São Paulo: Sarvier.

Meeroff, M. (1999). *Medicina integral: salud para la comunidad.* Buenos Aires: Catálogos.

Pellegrino, E. D. (1974a). Educating the humanist physician: an ancient ideal reconsidered. *Journal of the American Medical Association, 227*(11), 1288-1294.

Pellegrino, E. D. (1974b). Medical practice and the humanities. *New England Journal of Medicine, 290*(19), 1083-1085.

Pellegrino, E. D. (1979). *Humanism and the physician.* Knoxville: University of Tennessee Press.

Perestrello, D. (1996). *A medicina da pessoa.* Rio de Janeiro: Atheneu.

Rocha, H. (1998). Alguns desafios atuais para o médico e, em especial, para o clínico geral. *Jovem Médico, 3*(3), 183-187.

Schön, D. (1983). *The reflective practitioner.* New York: Basic Books.

Selzer, R. (1994). *Raising the dead.* New York: Penguin Books.

Tournier, P. (1992). *Médecine de la personne.* Lausanne: Délachaux et Niestlé.

Warren, K. S. (1988). World conference on medical education, Edinburgh. *The Lancet, 8608*, 462-464.

A relação médico-paciente

A relação entre médico e paciente permanece uma relação pessoal dentro do marco impessoal do tratamento profissional.

Jung (1966, par. 163)

Quando se pensa em relação médico-paciente, corre-se o risco de contrapor ingenuamente o médico de família tradicional ao especialista moderno: aquele ligado ao paciente e à família; este um tecnocrata distante. Nos bastidores: aquele podia ser um alcoolista com recursos limitados, e este investiu anos se aperfeiçoando e, por meio de novos tratamentos, salva uma criança com leucemia.

De outro lado, o pensamento vigente torna o médico frio e autoritário um modelo caricato de profissional competente com pouco tempo disponível, trabalhando horas a fio em prol de seus pacientes e da ciência que exerce, deixando a gentileza para as enfermeiras, quando ocorre. Nesse contexto, o distanciamento é um detalhe pouco significativo quando se procura salvar vidas ou atenuar a evolução patológica de doenças ou ferimentos.

O médico humanista pode ser visto como aquele bonachão, quase sempre menos eficiente, pois gasta horas inúteis nas consultas e tem menos tempo disponível para praticar e aperfeiçoar-se em virtude do atendimento de grande número de casos.

Veja-se o exemplo de dois médicos de elevada competência. Um deles faleceu de infarto em torno dos 40 anos, e dizia-se, um ano antes de morrer, esgotado e acabado com as vivências diárias na unidade de terapia intensiva. Pensava até em abandonar a medicina; tudo o que tinha visto e sentido lhe pesava e causava sofrimento intolerável. Era o médico humanista, dotado de faro clínico, conhecimento, habilidade, alta precisão. O outro, um cirurgião extremamente hábil, era o médico-modelo eficiente e objetivo, ironizando sentimentos, agindo com o padrão das mais elevadas tecnologia e destreza, formal com os pacientes e familiares. Teve também um infarto por volta dos 40, mas se recuperou e continuou na profissão.

Esse exemplo mostra que não há generalizações fáceis e seguras. O primeiro médico era constantemente pressionado por situações de risco e sua atitude aberta o tornou vulnerável, o segundo fechou o coração como defesa e também infartou.

Ao se tratar da relação médico-paciente deve-se procurar a saúde ou a cura para ambos. O paciente recebe os cuidados para sua condição de saúde diminuída, e o médico exerce a profissão buscando evitar danos como estresse, *burnout*. Uma visão compreensiva evita reducionismos e indiscriminações. Por exemplo, alguns profissionais da saúde advogando a visão holística apelam exageradamente para a responsabilidade do paciente em relação à sua própria melhora. Essa atitude, que possui seus fundamentos, se levianamente aplicada, pode despertar angústias intoleráveis, já que o paciente não sabe o que fazer e se sente culpado por estar doente, mais ainda agora que sabe que "provocou" sua doença e é incapaz de reverter aquilo que ele mesmo causou.

Outra conduta valorizada nos tratamentos que incluem o componente espiritual tem como meta atingir a saúde global, estar integrado com o universo psíquico-material e ficar em paz mesmo morrendo. O médico não teria como objetivo meramente curar, mas possibilitar a harmonia e a integração da personalidade como um todo, corpo, psique e cosmos, pois o estado de saúde espiritual seria possível no processo de final de vida. Essa premissa, aplicada automaticamente, deixa de observar variáveis pessoais, de valores culturais e familiares, e dependendo da situação, paradoxalmente, o paciente movido por um complexo de submissão chega a morrer como os outros mandam.

Seria em muitas ocasiões mais honesto e corajoso o médico que não teme assumir sua autoridade e enfrentar sua tarefa até o fim, a qual é curar, aliviar o sofrimento, ajudar a lidar com os males crônicos, ajudar a se desprender da vida quando não há recursos para remissão. Esse médico deixa o lado espiritual para o sacerdote, e o psicológico para o psicólogo; tem suficiente discriminação e atua no campo da medicina; aquele que insiste na espiritualidade pode incorrer em outra onipotência, a de saber como o paciente *deve* viver e como *deve* morrer. Curiosamente, a literatura holística deixa de abordar essa questão.

Um exemplo dramático é relatado por Danielle Ofri (2014); imbuída de atitude compreensiva e empática com uma paciente, após anamnese que identificou estresse emocional, fechou um diagnóstico que deixou de observar com mais atenção a condição pulmonar, o que levou a paciente a quadro de embolia pulmonar 14 horas após a consulta. Muitos hão de concluir que um médico mais técnico e menos integrativo teria evitado esse lapso.

Retomando o sofrimento do médico humanista antes citado, pergunta-se quantos médicos usam couraças para se proteger de sofrimentos intoleráveis e de projeções maciças de pacientes que querem ser mimados, cuidados por pais afetuosos – os quais, talvez, nunca tiveram –, que fazem demandas impossíveis e boicotam o tratamento para talvez provar que ninguém os ama o suficiente.

A compreensão da relação médico-paciente parte do princípio de que o mais frágil deste duo é o paciente e, por isso, a conscientização deve se dar no médico em primeiro lugar. Importa assinalar pontos cegos e desvios sem cair no reducionismo da banalização do humanismo, tão ou mais perigoso do que o reducionismo tecnocrático com o uso abusivo de medicação e de manipulação.

A seguir são apresentados alguns temas recorrentes referidos nesse relacionamento tão complexo. O afeto e a empatia serão abordados no capítulo sete.

Entrevista clínica, histórico e exames

Antigamente, o médico dependia de sua capacidade de observação, de seu ouvido e tato, já que pouco contava com exames complementares. Muitos médicos atuais apontam o excesso desses exames complementares sofisticados em detrimento da história clínica e do exame físico e alertam que tais métodos podem criar falsa segurança (falso positivo ou negativo) quando usados como fonte isolada de informação, visto que a visão parcial ocasiona iatrogenia diagnóstica e terapêutica – particularmente a medicina defensiva, que exagera nos testes, pode provocar efeitos nocivos.

Dada a problemática grave de possibilidade de erro, as técnicas de diagnóstico modernas necessitam ser acopladas a um bom julgamento clínico em qualquer que seja a especialidade. O histórico é uma arte em que a escuta deve ser demorada e atenta.

Segue um exemplo ilustrativo da tendência a suplantar a entrevista por exames laboratoriais, o qual resulta cômico. Uma velhinha com atendimento domiciliar emagrecia muito. O médico preencheu uma ficha inteira de exames: trípode de uremia, glicemia, colesterolemia, complementemia. Depois, descobriu-se que a senhora se queixava de mastigar mal por faltar-lhe uma prótese dentária (Meeroff, 1999).

O diagnóstico médico depende de operações cognitivas e de vínculos afetivos que se processam no contexto interacional. O fato clínico é objeto de observação médica e de ação médica, em que o objeto de observação se encontra em evidente transação com o observador. Citando alguns casos, Perestrello (1996) mostra como um enquadre fechado e feito de antemão impede estimular o espírito de investigação do médico e incluir dados novos, fato confirmado por outros médicos (Oliveira, 1999; Lopes, 1998; Brueggemann, 1985; Meeroff, 1999; Lown, 1997; Reiser, 1993; Lerner, 1998; Rosenbaum, 1988; Arruda Martins, 2000; Kleinman, 1988; Scliar, 1997).

Adesão e participação na cura

Os termos concordante e não concordante, usados para designar a adesão, mostram a conotação de valor e moral da classificação. Entretanto, trata-se de uma negociação para encorajar uma participação ativa do paciente que favoreça o tratamento e a vinculação com seu médico. Para tanto, a comunicação e a escuta são essenciais (Berman & Chutka, 2016). A aliança, a confiança e a inclusão do paciente no tratamento diminuem a ansiedade, a morbidade e a mortalidade e favorecem melhoras. Em situação hospitalar, pacientes menos confiantes e amedrontados demoram mais a ter alta (Lerner, 1997; Dossey, 1985). O fato de o paciente se sentir compreendido aumenta seu potencial de colaboração, o que é fundamental, pois ele pode resistir conscientemente, não tomando os remédios, ou inconscientemente (Siegel, 1998).

Segundo Perestrello (1996), o médico também pode ser iatrogênico e, ainda que tecnicamente os procedimentos se processem corretamente, pode ocorrer uma rejeição inconsciente ao médico, ocasionando sintomas de rejeição do medicamento e outros, como herpes, taquicardia, sangramento, diarreia (Engel, 1987; Dossey, 1984; Perestrello, 1996; Exsterman, 1968; Lerner, 1997; Lerner et al., 1998; Siegel, 1986/1989).

A adesão é essencial em outro aspecto não menos importante: cada ser humano contém potencialmente recursos de cura para combater doenças e, segundo Luchina et al. (1979), se o médico reprime sua falibilidade e seu aspecto doente, projeta-os totalmente no paciente com a cumplicidade deste, enfraquecendo esse potencial. É desejável, desde que possível, que médico e paciente se unam no esforço curador, e o profissional que estimula atitudes de partilhar responsabilidades com o paciente costuma obter curas mais rápidas (Dossey, 1984; Luchina et al., 1979; Siegel, 1986/1989).

Siegel (1986/1989) menciona pacientes que querem contribuir para o cuidado de seus próprios casos, solicitando que o médico se torne um professor; ou seja, o paciente tem condições de participar e ativar a cura, desde que não esteja debilitado demais ou angustiado, deprimido em excesso. A atitude participativa do paciente influenciando na cura é retratada em um estudo com crianças queimadas: aquelas que aprendiam a trocar seus curativos precisavam de menos remédios e tinham menos complicações. Entretanto, 60% dos pacientes representam um papel submisso para agradar o médico, o que restringe a ativação da capacidade de se curar. O médico não perde sua autoridade e autonomia com essas atitudes, pois não deixa de conduzir o processo e não precisa concordar com o que julga nocivo.

A respeito da submissão de pacientes, há médicos que a reforçam para não ter a autoridade contestada e não arriscar sentimentos entendidos como de hostilidade em lugar de amor e admiração (Pellegrino, 1979; Siegel, 1986/1989). Um modo de perpetuar a submissão, inculcado desde o início da formação, é dar maior enfoque à doença do que ao paciente: "Os estudantes começam sua educação com o corpo morto e a célula viva; eles aprendem que o paciente é passivo e que as células estão vivas" (Spiro, 1993, p. 9).

Nos estudos mencionados importa levar em conta o risco de atitudes extremas, pois há de se evitar o excesso de paternalismo, de um lado, e o excesso de confiança na autodeterminação do paciente, de outro. No primeiro extremo tende-se a culpabilizar o paciente quando este falha na adesão; no segundo, incorre-se em um modo de triunfalismo que consiste em valorizar idealisticamente a força de superação do paciente e suas energias de cura, minimizando sua vulnerabilidade (Shapiro, 2013; Wolf, Ingelfinger & Schmitz, 1994). Um exemplo pungente é o de uma paciente de 55 anos com câncer renal após anos e piora do quadro, que pedia à médica que a ajudasse a terminar seu sofrimento. Esta lhe respondeu que ela era uma lutadora e que a ajudaria a vencer a doença; a paciente se suicidou uma semana depois (Meier, Back & Morrison, 2001).

Comunicação

"A queixa mais comum que os pacientes têm sobre seus médicos é que eles não os ouvem": a frase, proferida por Cassell (1984, p. 33), pode ser um exagero, no entanto, ocorre com certa frequência em uma relação em que a comunicação está em primeiro plano, seja para compreender um quadro clínico, para esclarecer dúvidas de procedimentos e, não menos importante, para tranquilizar e transmitir confiança.

Além do que se expressa em palavras, importa a linguagem não verbal, com atenção às emoções e às metáforas; o saber ouvir, e não somente ver de imediato a doença visível, são aspectos essenciais referidos por médicos (Spiro, 1993; Oliveira, 1999), dos quais Weissmann (1988) e Kleinman (1988) enfatizam: a história da doença tem um significado que médico e paciente compartilham; a ciência biomédica fornece a explanação para o texto do paciente e o paciente conta uma história em que o médico decifra a trama, por ser o único parcialmente fluente na linguagem da doença, razão pela qual pode auxiliar também no diálogo com a família.

Falhas de comunicação podem ocorrer em distintas esferas, por exemplo, em orientações incompletas que chegam a levar a desenlaces fatais porque o paciente não sabe distinguir sintomas de risco (Konner, 1988), em dificuldade de seguir prescrições e orientação, ou em impossibilidade de tomar decisões cabíveis.

Siegel (citado por Stewart, 2018) ressalta que palavras podem auxiliar e podem ferir; a comunicação com o médico é apoio para amenizar medo e ansiedade, e o uso do humor, um ótimo meio de aplacá-los. Segundo o autor, um modo de deteriorar essa comunicação ocorre quando o médico realça efeitos negativos de terapias por medo de ser processado.

A boa comunicação é instrumento de tratamento e contribui para a satisfação dos médicos e de seus pacientes. Fong e Longnecker (2010) realizaram um estudo e concluíram que o médico tende a superestimar sua capacidade de comunicação. Nesta detectam-se empecilhos por parte do paciente, como ansiedade, medo e expectativas irreais, e por parte do médico, como excesso de trabalho, estresse, medo de processos e medo de abusos verbais e físicos, ocasionando evitação para suprimir carga emocional. Ele subliminarmente desencoraja seu paciente a requerer mais informações ou expressar dúvidas, expectativas, angústias; esse último, em virtude do receio de desagradar, da valorização do médico e de sentimentos de dependência, chega a omitir sintomas, a esconder consultas a outros profissionais, e tende a elogiar o médico sem estar convencido para agradá-lo, negando ter sido submetido a procedimentos desajeitados para não incomodar ou para manter a idealização protetora.

Um aspecto importante que faz parte de debate na bioética refere-se ao alcance da verdade a ser comunicada ao paciente. Atualmente, dois princípios devem ser atendidos: a autonomia do paciente para participar de processos de decisão e ter capacidade de consentimento e o princípio de beneficência *versus* maleficência no ato médico. Se a verdade deve ser a base de uma relação de confiança, por vezes o estado do paciente requer uma avaliação subjetiva de como e quando comunicar na íntegra detalhes, processos e prognósticos. Este tema foi abordado em um editorial do *Lancet* (Truth telling, 2011). Dizer a verdade é um desafio especialmente quando se devem comunicar desfechos adversos, e o médico pode ter dificuldade em conter as próprias emoções de pesar, culpa, identificação e frustração ao dar tais notícias. A política de revelar com veracidade tem vigorado com a crescente autonomia de pacientes nos processos decisórios e sua maior informação. De um lado, é um princípio a ser seguido para respeitar autonomia, de outro, precisa ser condizente aos outros princípios éticos de beneficência e não maleficência, ou seja, depende da situação e do estado do paciente, e sempre envolve um julgamento clínico, compaixão e sensibilidade, bem como uma avaliação da saúde emocional do paciente (Truth telling, 2011; Drane, 2018; Prentiss, 2015; Kuvshinoff, 2017; Matoba & Patel, 2018; Higgs, 2015).

Desse modo, é preciso que a comunicação de um diagnóstico e prognóstico esteja inserida no ato clínico de julgamento subjetivo. Cabem dois exemplos. O primeiro contraria o que se entende por correto: uma paciente cirúrgica idosa do dr. Siegel deveria ser comunicada de que havia sido removido um tumor maligno, mas o filho insistiu que o médico nada dissesse à paciente, o que ele fez muito relutantemente; anos depois a paciente, curada do câncer, foi consultá-lo e declarou que ficara muito aliviada por não ter tido câncer na época, pois estava certa de que se fosse confirmado o diagnóstico iria morrer. Certamente as conclusões desta história são múltiplas, mas, nesse caso, parece que omitir a informação poupou a paciente e lhe deu segurança. Outro exemplo é o de uma médica que disse a uma paciente oncológica que não a deixaria sofrer como seu próprio pai tinha sofrido e que iria sedá-la até o fim. Apesar de ter prognóstico desfavorável de remissão, o fato é que a paciente não queria saber da morte próxima por opção, queria viver em paz com seus familiares do modo que pudesse. A médica, emocionalmente perturbada pelo falecimento do pai, foi inadequada em nome de uma verdade que estava prefixada em seu código de procedimento.

Um aspecto que merece destaque é o peso da comunicação no efeito placebo ou nocebo do médico. Uma pesquisa feita em Harvard revelou que um grupo de pacientes que recebia a visita do anestesista na véspera da cirurgia com explicações detalhadas precisava de menos anestesia e se recuperava mais rapidamente. Outro modo de acalmar a ansiedade dos pacientes é por meio do humor e do incentivo a expectativas positivas dentro do enquadre clínico (Siegel, 1986/1989; Stewart, 2018). Pimenta (1998) confirma a importância de tranquilizar os pacientes para a cirurgia e Da

Silva (2000), médico urologista, relata os efeitos benéficos de conversa com esclarecimentos antes de uma cirurgia: a tranquilização do paciente ajuda a evitar a iatrogenia, causa menos sangramento, menos hospitalização, retirada mais rápida do dreno. Considera que o médico deve ser continente, ouvir o paciente, seu pedido de socorro, inclusive avaliando aspectos simbólicos; ele chega a suspender uma cirurgia – quando não é de urgência – para lidar com aspectos emocionais e relata o caso de um rapaz que se negava a operar uma varicocele, pois tinha uma péssima imagem paterna e não queria ter filhos.

Reforçando o efeito placebo ou iatrogênico da fala do médico e creditando-a como um dispositivo do arsenal médico, Siegel (citado por Stewart, 2018), Abdo (1996) e Lown (1997) entendem que palavras erradas têm o poder de ferir. Lown (1997) traz exemplos sobre comunicação: quando era residente e acompanhava o professor em sua ronda, certa vez este, diante do leito de uma mulher, falou que se tratava de um caso típico de ET (estenose tricúspide). Quando o professor saiu, ele notou que a paciente estava estressada, com o pulso acelerado, líquido no pulmão; perguntou-lhe o que ocorria, e ela disse que tinha entendido que era Episódio Terminal. O quadro se agravou, e a paciente faleceu naquela noite. Já formado, estava à frente de um paciente muito doente na ronda e disse aos estudantes que ele tinha um "belo galope no coração", o que significa ritmo de galope, o músculo cardíaco muito afetado, sem ter o que fazer. O paciente se recuperou, contrariamente às expectativas, e contou que belo galope representou para ele algo bom, forte como um cavalo, e o animou. Lown não conclui que o que foi dito determinou os desfechos, mas que contribuiu para os estados de ânimo dos pacientes – e podemos acrescentar que, no primeiro caso, ainda que o óbito fosse inevitável, a paciente poderia ter sido poupada de uma carga emocional pungente e dolorosa. Um exemplo trazido por Rosenbaum (1988) é o caso de uma inteligente menina de 10 anos, hospitalizada, com a qual a equipe não conseguia lidar até chamarem uma psicóloga. A criança estava convencida de que iria morrer, pois ouvira o médico dizer aos estudantes que ela tinha diabetes, e interpretou que iria "morrer de '*beeties*'" (em inglês: *die of beeties*).

Há situações anedóticas: durante duas entrevistas uma paciente dizia ser sistemática, o que fez a médica compreender que era muito organizada. Entretanto, descobriu depois que ela queria dizer que sofria do sistema nervoso. Um médico entendia gastura como queimação no estômago, até perceber que se tratava de uma sensação de ansiedade. Gestos de afeto e carinho podem ser interpretados: uma paciente de 18 anos perguntou se iria morrer porque o médico a abraçara e lhe dissera "até logo, velha amiga" (Rosenbaum, 1988). Para compreender tais significados a empatia ajuda, já que é inevitável que o paciente interprete, mas há uma tendência a desconsiderar o que se informa devido a uma adjudicação ou preconceitos em relação ao paciente, por exemplo, omitindo esclarecimentos sobre procedimentos no hospital que o auxiliariam durante sua permanência ali (Rosenbaum, 1988; Kleinman, 1988; Ofri, 2014).

O paciente hostil

Uma acepção corrente na linguagem extraoficial é a denominação de paciente difícil e de paciente hostil. O primeiro é aquele com queixas múltiplas, que não adere, reclama muito, pouco melhora e inferniza o médico e a equipe de saúde. Costuma instalar-se uma retroalimentação comunicativa de desentendimentos e de irritações mútuas difícil de quebrar.

Mais grave é a ocorrência de pacientes hostis, que demostram agressividade, raiva, descontentamento declarado e chegam a ameaçar e/ou processar o médico. A preocupação da classe médica com atitudes hostis por parte de pacientes levou à instauração da denominada medicina defensiva, com especialistas em leis que têm enriquecido escritórios de direito, principalmente nos Estados Unidos. No Brasil, médicos estão fazendo seguros de responsabilidade civil profissional, aos quais o Conselho Federal de Medicina e a Associação Médica Brasileira opõem restrições, considerando que não beneficiarão a relação médico-paciente (Capitelli, 2000).

A hostilidade provém de erros médicos – factuais ou supostos –, de sentimento de desatenção, de descontentamento e rejeição de um diagnóstico grave e, por vezes, em função da personalidade do paciente. Um dos maiores receios de estudantes de medicina é enfrentar a hostilidade de pacientes (Nogueira Martins, 1994; De Marco, 1999; Kaufman, 1992). De modo geral, a hostilidade provém da falta de comunicação, com aumento de frustração e de impotência ou de desespero em situações sem saída; alguns pacientes apelam para a brutalidade, o que desperta no médico raiva, impaciência, desprezo. Médicos declaram ter agido de modo que não esperavam e relatam sentimentos de infelicidade e de raiva (Selzer, 1996; O'Rourke, 2014; Castelhano, 2015).

As expectativas do paciente ecoam no médico, e Nogueira Martins (1992) assinala que aquelas que trazem fortes identificações projetivas sobre o médico arriscam torná-lo impotente e desorganizado. Segundo o autor, particularmente o paciente do hospital-escola com quadros clínicos graves e vivendo angústias primitivas de aniquilação provoca no médico confusão de papéis e de sentimentos. O médico assume uma culpa e tende a reagir à atribuição que o paciente lhe faz inconscientemente, responsabilizando-o por seu sofrimento. Quando ocorre, a rispidez é justificada para os pacientes que mereceriam esse tratamento por não ligarem para sua saúde, serem pouco colaborativos, desafiantes, sentimento frequentemente despertado em pacientes em extrema vulnerabilidade, seja social ou pela enfermidade e velhice (Shapiro, 2013).

O paciente difícil sempre existirá, como existem pessoas saudáveis difíceis, contudo, é certo que o despreparo psicológico do profissional da saúde favorece situações de confusão e de conflito.

O médico como paciente

Cabe fechar este capítulo com um dos pacientes tidos como mais difíceis: o médico. Em parte, assumir-se como combatente incansável de doenças e da morte não permite a vulnerabilidade de estar doente, e os médicos tendem a adiar a busca de ajuda e negar seus sintomas; quando procuram por auxílio, discutem com o colega. É também reconhecida a dificuldade de o médico colocar-se como paciente e dos demais o reconhecerem como tal, tendendo a isolá-lo por ter perdido sua aura de controle (Hoirisch, 1976; Meleiro, 1998; Rosenbaum, 1988; Mandell & Spiro, 1988).

Médicos que depõem sobre doenças após a recuperação trazem informações valiosas por conhecerem ambos os lados da díade e chegam a constatar, como Siegel (1986/1989), Selzer (1994) e Rosenbaum (1988), que se tornaram melhores médicos com essa experiência e passaram a se preocupar mais com a comunicação em ambas as direções: explanação e escuta.

Mandell e Spiro (1988) editaram um livro com depoimentos de médicos que sofreram uma doença. Os relatos, em geral, variam entre elogios e agradecimentos por terem sido cuidados e salvos, mas referindo e temendo erros e descuidos no hospital. Também apontaram efeitos iatrogênicos de medicação e necessidade de maior comunicação com seus médicos. Freedman, recuperando-se de uma concussão, relata que aquilo de que mais sentiu falta como paciente era que seu médico falasse com ele e explicasse procedimentos, lhe proporcionasse a oportunidade de fazer perguntas, mas não sabia expressar essa necessidade no momento e lamenta que esse cuidado seja desatendido nas escolas médicas. Brice queixa-se da falta de compaixão de médicos e de enfermeiras, que a faziam sentir-se desamparada e aterrorizada.

Rosenbaum (1988), quando adoeceu de câncer na laringe, teve momentos de raiva com o tratamento de radiação, mas temia dizer algo que incomodasse os médicos e os técnicos, por se sentir dependente deles e saber que querem ser respeitados; menciona ainda o desagrado com exames rápidos, solenes e incomunicativos.

Uma metáfora em forma de lenda poderia contar que, em tempos imemoriais, os deuses outorgaram aos seres humanos o dom de tratar e de curar seus semelhantes. Aqueles agraciados com esse dom o usariam com dedicação, entretanto, uma restrição lhes foi imposta: não saberiam cuidar de si mesmos.

Referências

Abdo, C. H. N. (1996). *Armadilhas da comunicação.* São Paulo: Lemos.

Arruda Martins, M. de. (2000). *Integração do aluno na escola médica.* Apresentado no II Congresso Paulista de Educação Médica. Centro de Desenvolvimento de Educação Médica (CEDEM), São Paulo.

Berman, A. C. & Chutka, D. S. (2016). Assessing effective physician-patient communication skills: "Are you listening to me, doc?". *Korean J Med Educ, 28*(2), 243-249.

Brueggemann, J. G. (1985). Poetry and medicine. *Perspectives in Biology and Medicine, 28*(3), 370-373.

Capitelli, M. (2000, dez. 10). Médicos fazem seguros contra erros. Jornal da Tarde, Caderno Geral, p. 11A.

Cassell, E. J. (1984). The place of the humanities in medicine. New York: The Hastings Center.

Castelhano, M. L. (2015). *As emoções do médico na relação com o paciente: uma abordagem da psicologia junguiana* (Tese de doutorado em Psicologia Clínica). Pontifícia Universidade Católica de São Paulo, São Paulo.

Da Silva, C. A. C. (2000). Psicossomática na clínica cirúrgica (informação verbal). In *XII Congresso Brasileiro de Medicina Psicossomática*. São Paulo.

De Marco, O. L. N. (1999). Grupos de reflexão com quintanistas de medicina. In L. Millan, *O universo psicológico do futuro médico* (pp. 129-138). São Paulo: Casa do Psicólogo.

Dossey, L. (1984). *Beyond illness*. Boston: Shambala.

Dossey, L. (1985). *Space, time and medicine*. Boston: Shambala.

Drane, J. F. (2018). *Honesty in medicine: should doctors tell the truth?* Universidad de Chile, Santiago. Recuperado de: http://www.uchile.cl/portal/investigacion/centro-interdisciplinario-de-estudios-en-bioetica/publicaciones/76983/honesty-in-medicine-should-doctors-tell-the-truth

Exsterman, A. (1968). Fatores iatrogênicos na relação médico-paciente. *Jornal Brasileiro de Medicina, 15*, 414-421.

Engel, G. L. (1987). Physician-scientists and scientific physicians. *The American Journal of Medicine, 82*, 107-111.

Fong, J., & Longnecker, N. (2010). Doctor-patient communication: a review. *The Ochsner Journal, 10*(1), 38-43.

Higgs, R. (2015). On telling patients the truth. In H. Kuhse et al. (Eds.), *Bioethics: an anthology (pp. 621-627)*. New Jersey: John Wiley & Sons/ProQuest Ebook Central.

Hoirisch, A. (1976). *O problema da identidade médica* (Tese). Universidade Federal do Rio de Janeiro, Rio de Janeiro.

Jung, C. G. (1966). *The practice of psychotherapy. CW 16*. Princeton: Princeton University Press.

Kaufman, A. (1992). *Teatro pedagógico: bastidores da iniciação médica*. São Paulo: *Ágora*.

Kleinman, A. (1988). *The illness narratives*. New York: Basic Books.

Konner, M. (1988). *Becoming a doctor: a journey of initiation in medical school*. New York: Penguin Books.

Kuvshinoff, B. (2017). *Roswell Park Center. The whole truth: Is it ever Ok to lie to patients?* Buffalo: New York. Recuperado de: https://www.roswellpark.org/cancertalk/201702/whole-truth-it-ever-ok-lie-patients

Lerner, B. (1997). From careless consumptives to recalcitrant patients: the historical construction of noncompliance. *Social Science Medicine, 45*(9), 1423-1431.

Lerner, B. (1998). Fighting the war on breast cancer: debates over early detection. *Annals of Internal Medicine, 129*(1), 74-78.

Lerner, B. et al. (1998). Rethinking nonadherence: historical perspectives on triple-drug therapy for HIV disease. *Annals of Internal Medicine, 129*(7), 573-578.

Lopes, A. C. (1998). Ensino à beira do leito: uma verdade inabalável. *Revista da Associação Médica Brasileira, 44*(3), 167-168.

Lown, B. (1997). *A arte perdida de curar*. São Paulo: JSN.

Luchina, I. L. et al. (1979). *Asistencia institucional: nuevos desarrollos da la interconsulta médico-psicológica*. Buenos Aires: Nueva Visión.

Matoba, N., & Patel, A. (2018). Is it ever OK for doctors to lie to their patients? *STAT*. Recuperado de: https://www.statnews.com/2018/04/17/doctors-lying-patients/

Mandell, H., & Spiro, H. (Eds.) (1988). *When doctors get sick*. New York: Plenum Medical Book.

Meeroff, M. (1999). *Medicina integral: salud para la comunidad*. Buenos Aires: Catálogos.

Meier, D. E.; Back, A. L., & Morrison, S. (2001). The inner life of physicians and care of the seriously ill. *JAMA, 286*(23), 3007-3014.

Meleiro, A. M. A. S. (1998). *O médico enquanto paciente: estudo comparativo com pacientes cardíacos de nível universitário internados no Instituo do Coração* (Tese de doutorado). Faculdade de Medicina, Universidade de São Paulo, São Paulo.

Nogueira Martins, L. A. (1992). Interconsulta hoje. In F. J. de Mello et al., *Psicossomática hoje* (pp. 160-164). Porto Alegre: Artes Médicas.

Nogueira Martins, L. A. (1994). *Residência médica: um estudo prospectivo sobre dificuldades na tarefa assistencial e fontes de estresse* (Tese de doutorado). Escola Paulista de Medicina, São Paulo.

Ofri, D. (2014). What doctors feel: how emotions affect the practice of medicine. Boston: Beacon Press.

Oliveira Jr., W. A. (1999). A cardiologia não pode perder seu coração. *Jornal Paulistano de Psicossomática, 4*(22), 84-85.

O'Rourke, M. (2014). Doctors tell all – and it's bad. *The Atlantic (Health)*. Recuperado de: https://www.theatlantic.com/magazine/archive/2014/11/doctors-tell-all-and-its-bad/380785/

Pellegrino, E. D. (1979). Humanism and the physician. Knoxville: University of Tennessee Press.

Perestrello, D. (1996). A medicina da pessoa. Rio de Janeiro: Atheneu.

Pimenta, L. G. (1998). Bloco cirúrgico. *Revista Médica de Minas Gerais, 8*(2), 79-81.

Prentiss, K. (2015). The truth behind why doctors don't tell the truth. *MedPage Today's Kevin MD.com*. Recuperado de: https://www.kevinmd.com/blog/2015/08/the-truth-behind-why-doctors-dont-tell-the-truth.html

Reiser, S. J. (1993). Science, pedagogy and the transformation of empathy in medicine. In H. Spiro et al. (Eds.), *Empathy and the practice of* medicine (pp. 121-132) New Haven: Yale, University Press.

Rosenbaum, E. E. (1988). *The doctor: when the doctor is the patient*. New York: Ivy Books.

Schön, D. (1983). *The reflective practitioner*. New York: Basic Books.

Scliar, M. (1996). *A paixão transformada*. São Paulo: Companhia das Letras.

Scliar, M. (1997, maio). Entrevista. *Veja São Paulo*, (1497), 9-11.

Selzer, R. (1994). *Raising the dead*. New York: Penguin Books.

Selzer, R. (1996). *Letters to a young doctor*. New York: Harcourt Brace & Company.

Shapiro, J. (2013). The feeling physician: educating the emotions in medical training. *European Journal for Person Centered Healthcare, 1*(2), 310-316.

Siegel, B. (1989). Amor, medicina e milagres. São Paulo: Best Seller. (Trabalho originalmente publicado em 1986)

Siegel, B. (1998). *Peace, love and healing*. New York: Harper Perennial.

Spiro, H. (1993). What is empathy and can it be taught? In H. Spiro et al. (Eds.), *Empathy and the practice of medicine*. New Haven: Yale University Press.

Stewart, K. (2018). Practicing belief and hope with our words. Entrevista. *Today's Practitioner*. Recuperado de: https://todayspractitioner.com/mind-body-medicine/practicing-belief-hope-words-bernie-siegel-m-d/#.X8yD6i-nJTY

Truth telling. (2011). Editorial. *Lancet, 378*(9798).

Weissmann, G. (1988). A slap of the tail: reading medical humanities. *Hospital Practice, 23*(6), 67-79.

Wolf, A., Ingelfinger, J. A., & Schmitz, S. (1994). Emphasizing attitudes toward the doctor-patient relationship in medical education. *Academic Medicine, 69*(11), 895-896.

Os processos de subjetivação no médico

É inquestionável a necessidade de raciocínio lógico e de imperturbabilidade, e postula-se, com pertinência, o risco do envolvimento emocional que deturpa a competência; entretanto, pouco se adverte contra o risco da negação e do distanciamento excessivo, os quais, curiosamente, afetam não somente a relação, mas, precisamente, o raciocínio clínico e a tomada de decisão.

O princípio sugerido é que, em vez de bloquear a subjetividade, a objetividade do médico inclua a ele mesmo como objeto de contínua observação e análise, o que lhe permitiria se tornar de fato objetivo em relação ao paciente. Essa premissa se sustenta em função de determinantes inconscientes que interferem com a avaliação objetiva das queixas subjetivas do paciente (Sindell & Perr, 1963). Posto que a natureza de seu trabalho o impele para certas decisões rápidas, o treino de escuta facilitaria compreensão abrangente de processos, sem necessidade de introspecção aprofundada que não condiz com a ação requerida.

O presente capítulo e o seguinte delineiam os fatores psicológicos e a subjetivação, buscando uma compreensão de processos: da parte do médico, um processo de tomada de decisão inserido no seu agir e na identidade profissional que o constitui; da parte do paciente acometido por um estado patológico ou doença sem controle, com sentimentos de perda de identidade, um processo poderosamente ativado por sensações provindas de seu estado. Ambos participam do drama do adoecer, da recuperação, das limitações, e são sujeitos a vicissitudes inconscientes que subjazem às percepções e às escolhas conscientes.

Emoções pouco reconhecidas permeiam esses dinamismos, para os quais algumas noções serão traçadas a fim de delinear a importância da subjetivação que opera em dimensões distintas da objetividade imprescindível à ação médica, sem, entretanto, corrompê-la, desde que seja compreendida. Este capítulo se detém na subjetivação do médico e o próximo, na subjetivação do paciente durante o adoecer.

A identidade médica e os papéis sociais

Entende-se por identidade aquilo que caracteriza o sentido de eu, com sua memória, pensamentos, sentimentos e, especialmente, o sentido de continuidade no tempo, mudando e ainda permanecendo o mesmo eu, uma individualidade que denota "peculiaridade e singularidade do indivíduo em cada aspecto psicológico" (Jung, 1971, par. 756). A continuidade do eu depende de ele poder suportar o sofrimento e a tensão de conflitos provenientes do mundo externo e do interno; quando fracamente constituído ou quando ocorrem abalos constantes e frequentes decorre extrema insegurança ou o uso compensatório de eficiência como forma de defesa. Jacoby (1971) assinala, a esse respeito, pessoas extrovertidas e assertivas identificadas às carreiras e muito dependentes de padrões coletivos.

Os papéis denotam uma atitude de adaptação às convenções e normas, o que permite manter uma função social, exercer uma profissão, adequar-se e proteger a identidade e a individualidade, apresentando-a de maneira aceitável. Entretanto, se esta função social for demasiadamente estereotipada, a atitude referente à adaptação à interioridade tende a denotar suscetibilidade e desperta ansiedade, sensações vagas e fantasias que acometem a consciência e arriscam o desempenho do papel funcional. Um exemplo seria de uma pessoa dura externamente e inflexível, mas sujeita a humores, temores internos, como o ser mais fraco e impressionável.

A identidade ocupacional é um aspecto da identidade do sujeito, resultante da integração entre autopercepção e expectativas dos demais a respeito do papel ocupacional, o qual é assumido de modo consciente e inconsciente. Quanto mais operar inconscientemente, mais haverá identificações pouco discriminadas. A escolha madura depende da elaboração de conflitos que ocorrem entre os 15 e os 21 anos, a fase exploratória do exercício de papéis, momento de eleição da maneira de operar e de se relacionar com a realidade (Bohoslavsky, 1974).

No campo da medicina, a vinculação entre individualidade (ou identidade) e o exercício de papéis é destacada por Luchina et al. (1979), que exemplificam quando o médico, em virtude de fatores de crise pessoal, modifica a atitude clínica com relação ao paciente. Os autores interpretam a ocorrência de uma regressão que se reflete nas flutuações da identidade médica e no exercício profissional, objetivando o outro por meio do relacionamento.

Quanto às motivações para a escolha e manutenção profissional há motivos conscientes e inconscientes. Nos primeiros encontra-se o desejo de ajudar, de curar, de ser útil e também de ter prestígio; naqueles inconscientes haveria poder, reparação, fantasias de onipotência e de imortalidade (complexo tanatológico descrito por Simon [1971]). Tais aspectos estão entremeados, e quanto maior a negação do inconsciente – entendido como aquilo que se desconhece em si mesmo –, maior será a tendência de distintos sintomas ou transtornos decorrentes, como sentimentos de autodestruição e efeitos nocivos da profissão; em parte, por não conseguir diferenciar-se do paciente (Arruda, 1998; Zaher, 1999; Millan et al., 1990; Millan et al., 1998; Millan et al., 1999; Balint, 1957/1988; Hoirisch, 1976).

O imaginário coletivo imbui o médico de um papel heroico que ele incorpora como missão apostólica, como uma fé que o paciente deve seguir (Balint, 1957/1988). Sua função, como a de outros que se arriscam em missões perigosas, tem matizes heroicas que trazem um bem à sociedade, e resulta difícil não se contaminar com esse apelo que confunde o senso de identidade. Ou seja, até quando o herói se sustenta? Quais são seus limites humanos, e como não se identificar a um semideus: são questionamentos que perpassam a tênue linha da fantasia e da ação concreta.

A aura de poder, entretanto, não é fixa, e mudanças históricas nas expectativas sociais desembocam em uma crise de prestígio, pois, ao mesmo tempo que se confere ao médico destaque e autoridade, essa última é contestada e vista com reclamações e desconfiança, em parte por causa de expectativas irracionais que permeiam as relações entre a sociedade, a medicina e os médicos e médicas. Há forças opostas carregadas de ambiguidade e de decepções. A medicina hipocrática aceitava o paternalismo como qualidade moral, de respeito à pessoa cuidada; na atualidade, cada vez mais a autonomia do paciente e sua participação e consentimento em decisões se proclamam como garantia ética, assim como cresceu seu acesso a conhecimentos, o que, de um lado, constitui um progresso e, de outro, traz situações de confronto difíceis e perturbadoras (Arruda, 1998; Nogueira Martins, 1992, 1994; Mello et al., 1992; Lerner, 1997, 2014).

Uma crise de identidade perpassa a crise de valores, e o médico pode reagir com frustração, sentindo-se injustiçado e desrespeitado. Muitas idealizações estão caindo, e o impasse talvez revele uma necessidade de mudança. Para enfrentar as crises, o ser humano conta com o recurso de adaptabilidade e modulação da consciência em face de eventos externos e internos. Para tanto, o reconhecimento de emoções que esses processos provocam se faz necessário a fim de não ficar preso a exigências externas ou sucumbir a processos internos.

Um fenômeno que será retomado na descrição de transferência é a projeção maciça em um objeto, coisa ou pessoa quando o inconsciente – processos ou conteúdos psíquicos que não se vinculam ao eu – é reprimido e o objeto é temido ou visto com suspeita porque não se comporta como se esperaria. Esse objeto recebe forte carga de amor ou ódio, e ocorre, segundo Jung (1971), uma explosão de afeto, primitivo, automático e fisiológico. Nos termos aqui descritos, pode-se compreender as verdadeiras crises e humores furiosos que alguns médicos apresentam quando se acham contrariados pelos pacientes ou familiares, os quais deveriam permanecer tão vulneráveis ou dependentes quanto seu próprio estado interior desconhecido. Em pessoas com função social bem desenvolvida e com alto treino de controle via tensões musculares, o afeto poderia, em vez de explodir, implodir, com efeitos devastadores para o organismo. Também se pode achar uma via agressiva aparentemente adequada, por meio de cinismo ou desvalorização do outro.

Expressão e contenção de emoções

Apesar de depoimentos de pacientes e de médicos que advogam uma medicina humanista ou integral e depõem contra o excesso tecnológico, é prevalente a ideia de que as emoções no médico são danosas e problemáticas, devendo ser afastadas da prática médica. O controle emocional considera-se premente para evitar falhas, sofrimento e *burnout* decorrentes de fadiga de compaixão ou efeito vicariante. Note-se que falhas decorreriam tanto de emoções negativas como positivas, como afeição, por exemplo, pois essas últimas inibiriam a capacidade de enfrentar situações difíceis ao se preocupar em demasia com os sentimentos do paciente via empatia e levariam à exaustão emocional tanto quanto as emoções negativas (Shapiro, 2013).

Particularmente danosa é a atividade médica em cuidado de doenças graves e morte iminente, trabalho em CTI, e abrem-se discussões de como protegê-lo de exaustão emocional (Yamey & Wilkes, 2001; Meier, Back & Morrison, 2001; Kearney et al., 2009; Monrouxe, 2015).

Na literatura médica estudam-se estratégias com a finalidade de proteção de *burnout,* de depressão, de adições.

A regulação de emoções e a satisfação do paciente

Em estudos sobre emoção entende-se por regulação de emoções a habilidade de modular as experiências emocionais, podendo contê-las e adquirir capacidade de focar nas necessidades emocionais de outra pessoa. Uma incapacidade ou fraqueza em regular emoções tem impacto negativo na saúde e no bem-estar do médico (*burnout*, depressão, suicídio, adições, abandono da carreira) e efeito negativo no atendimento, como um julgamento empobrecido (Monrouxe, 2015; Shapiro, 2013; Gill, 2016).

A capacidade de autoconsciência seria a base para uma regulação satisfatória e se reflete na satisfação do paciente com o atendimento, portanto faz parte das competências clínicas (Kafetsios et al., 2016).

A respeito das respostas do paciente, pesquisas mostram que emoções positivas influenciam favoravelmente na satisfação dele, na adesão ao tratamento e bem-estar, ao passo que as negativas têm efeitos contraproducentes. Para o paciente, o médico representa uma das pessoas mais importantes a lhe dar suporte emocional, e a distância do médico pode afetar percepções negativas naquele, referentes tanto à relação como à sua condição, ao passo que a proximidade com o médico ajuda o paciente a adquirir autonomia e autoeficiência.

Portanto, depreende-se que a habilidade do médico em regular suas emoções na interação afeta o modo de reação do paciente no tratamento (Gill, 2016), reconhecendo naquele um efeito placebo (Finniss, 2010; Price, Finniss & Benedetti, 2008; Benedetti, 2013; Benedetti et al., 2007; Moerman, 2003), o que confirma as observações de Balint nos anos 1950 relatadas no livro *O médico, o paciente e a doença* (1957/1988).

Exaustão emocional e técnicas para regulação

Se as emoções influenciam a relação, deveria haver uma forma de lidar com aquelas sobrepujantes que decorrem do enfrentamento de situações limite de perda, irreversibilidade, erros, cansaço e pressão. Percebê-las como falibilidade, impotência, luto, culpas, medos – entre os quais o medo de ficar doente – leva a querer escapar delas, a ponto de chegar a se afastar de decisões, deixando o caso para a equipe quando se tornam insuportáveis. Tristeza, mágoa, aborrecimento, choro, precisam ser contidos, assim como frustração e raiva, sejam estas decorrentes de atendimentos, da estrutura hospitalar, ou de colegas em cargo superior. Um fenômeno recorrente é a exaustão por compaixão, ou fadiga de compaixão, que leva à falta de autocuidado e à perda de valorização em relações de apoio (Kearney et al., 2009).

Selzer (1996, p. 108) comenta com pertinência que "negar a existência desses impulsos é negar sua humanidade. Falhar em dominar esses impulsos é aceitar uma condição de bestialidade".

Há várias técnicas para ativar, manter ou atenuar emoções, entre as quais supressão da expressão de emoção e reavaliação cognitiva. Esta última é considerada mais saudável para o médico, assim como é associada a melhor funcionamento interpessoal, e consiste em reformular o evento estímulo com menos carga emocional e trazê-lo à atenção consciente. A supressão, por sua vez, é considerada adequada principalmente em paramédicos ou em situações difíceis e emergenciais (Monrouxe, 2015; McRae et al., 2012) e pode ser acoplada a técnicas de *biofeedback* como respiração e exercícios.

A supressão e a reavaliação cognitiva

Emoções insuportáveis que extravasam levam à falta de controle do médico, com expressões abertas de rispidez, agressão, gritos, ocasionando culpa e tristeza posterior ao descontrole. Apesar de requerer intenso esforço consciente, a supressão da expressão é a técnica mais usada pelos médicos, mas estes relatam que muitas vezes ela falha e as emoções se intensificam depois, assim como tende a isolá-los mais da procura de apoio (Monrouxe, 2015).

Constata-se, com o uso habitual da supressão, uma ativação neurofisiológica de estresse maior do que naqueles que extravasaram emoções, assim como efeitos nocivos para a memória, a saúde e as emoções positivas, com detrimento de comunicação e piora no relacionamento interpessoal. Um estudo demonstrou que a pressão sanguínea aumenta em ambos os interlocutores quando há comunicação via supressão, mas outras variáveis devem ser consideradas, pois também se verificou que o paciente demonstra satisfação ainda que o médico use estratégia de supressão, pois este aparenta equilíbrio emocional (Finset & Mjaaland, 2009; Gross & John, 2003; Kafetsios et al., 2016; Gill, 2016).

Apesar de haver alguns inconvenientes, de modo geral a estratégia de reavaliação cognitiva é considerada mais funcional, melhor para a saúde do médico e para a sustentação de um relacionamento positivo (Gross & John, 2003). Nesta perspectiva a empatia entra no campo da autoconsciência adquirida estrategicamente, evitando a exaustão emocional, o endurecimento, o distanciamento e a despersonalização devida à falta de recursos. Considera-se que essa disposição possibilita satisfação e bem-estar ao médico no exercício da profissão e minimiza o sofrimento de compaixão (Gross & John, 2003; Kearney et al., 2009).

Investigadores desta área de estudos embasam a psicologia positivista para lidar com emoções perturbadoras, mas, psicologicamente, esse uso nem sempre está disponível, pois o reconhecimento de emoções não é dirigido pela vontade. É preciso compreender as defesas e as projeções na relação.

As defesas

De modo geral, defesas são necessárias, seja pela atividade demandativa, seja como proteção para o profissional médico diante do poder dos convênios, do mercado de trabalho que fragiliza e origina uma postura oficial defensiva (Nogueira Martins, 1992).

A noção de supressão faz parte das defesas empregadas para suportar ansiedade e angústia; ela é diferenciada de repressão, por ser essa última operacionalizada inconscientemente, enquanto a supressão é um ato da consciência para o indivíduo exercer certo controle sobre si, por exemplo, mudando um pensamento negativo com treino de técnicas de autocontrole e outras. Entretanto, o diferencial entre supressão e repressão é difícil de delimitar.

As defesas são intrínsecas à maturação da personalidade e servem para proteger o indivíduo de ameaças externas e internas que provocam ansiedade, a qual deve ser tolerada até certo grau por um eu bem constituído. Quando a ansiedade depressiva decorrente de perdas é insuportável para o eu costuma haver, segundo Bohoslavsky (1974), dois tipos de conduta defensiva: a dissociação e a negação; esta última desconsiderando o limite da onipotência ou negando a autonomia do objeto (o outro). A tentativa de controle do outro pode chegar ao extremo de desprezá-lo ou de se sentir triunfador sobre ele. No caso de médicos, Luchina et al. (1979) associam a objetivação do paciente a uma regressão da identidade do médico.

Byington (1995) descreve a defesa patológica do espectro obsessivo-compulsivo dentro de um sistema patriarcal que impõe ao eu normas de submissão a princípios abstratos e incentiva o apego ao poder. A organização patriarcal é fundamental para a cultura, para o pensamento, para a ética, com sua ênfase no dever, na hierarquização de valores, na moral, na tradição, na tarefa. Somente quando é exagerada aprisiona e enrijece a personalidade, ocasionando estereotipia e defesas que se cronificam no enrijecimento.

Defesas na manifestação corporal são descritas por Gaiarsa (1971) nas inibições respiratórias, com variações no ritmo cardiorrespiratório que transparecem em sentimentos de angústia. A inibição ocasionaria uma couraça muscular, que consiste em resistência com tensão muscular contra o impulso proveniente do movimento visceral, metaforicamente, um espírito sufocado. O conceito se apoia em Reich e nas estruturas de caráter: "conjunto de maneiras que a pessoa usa para evitar o contato e o confronto direto, seja com o outro, seja consigo mesmo" (Gaiarsa, 1982, p. 5). Nessa concepção, emoções contidas de raiva e de medo reforçam a couraça, provocando movimentos velozes, angulosos, duros, fortes, retos; o amor e a tristeza ativam o sistema parassimpático e ocasionam movimentos lentos, curvilíneos, ondulantes, fluentes, também pelo choro. Haveria ainda uma couraça dinâmica, com excesso de movimentos repetitivos automáticos, e uma couraça estática, segurando a raiva, o medo e o amor por meio da respiração limitada. Quando a repressão da emoção é contínua e não há saída para o organismo, este reduz sua vitalidade, levando à depressão. Lowen (1972) mostra que tensões musculares que distorcem e limitam a respiração são resultantes de conflitos emocionais, em que o peito inchado compensa sensação de expiração e soltura precária e dá uma ilusão de segurança.

As tensões musculares e a inibição respiratória são observadas em muitos médicos e estudantes, junto à pressa, à contenção, à conduta padronizada. Alguns exemplos de comportamentos defensivos do médico de origem inconsciente são: dissociação e projeção, mantendo a morte só no doente com negação onipotente de que doença e morte podem acontecer em seus pares; culpa por se sentir falível e não ser um herói onipotente (Hoirisch, 1976); pressa, eficiência defensiva, objetividade exagerada defensiva contra os sentimentos de aniquilação e de morte, e reação contrafóbica de controle (Dossey, 1985); uso defensivo do poder, projetando no paciente um adversário a ser dominado e combatido (Whitmont, 1996); identificação projetiva (colocar-se no lugar do outro) com o sofredor, levando a depressão ou ódio – tratar o paciente com rudeza, autoritarismo e distanciamento (Luchina et al., 1979; Millan et al., 1998; Saadeh, 1995; Kaufman, 1992; Ofri, 2014).

Há ainda defesas contra a agressividade e o sentimento de desvalor, levando o médico a agir compulsivamente, com senso desmedido de responsabilidade (Mandell & Spiro, 1988).

As projeções inconscientes – transferência e contratransferência

Se defesas existem, há algo a ser defendido, e geralmente é aquilo que subjaz, que não se revela claramente e ocasiona enviesamentos na consciência. Dificuldades de comunicação e de efetivar tratamentos não se restringem ao comportamento factual do paciente, mas dependem de interpretações de ambas as partes, de convicções e de sentimentos nem sempre conscientizados, assim como de características de personalidade dos profissionais (De Marco, 2005).

A dinâmica da transferência-contratransferência durante o encontro terapêutico trata de um fenômeno de intensificação de projeções mútuas, ativadas pelos conteúdos inconscientes dos envolvidos. Assim, um *transfere* inconscientemente e o outro responde, ou seja, *contratransfere*, também inconscientemente. Esse fenômeno ocorre em relacionamentos na área da saúde em geral, com produção de fantasias inconscientes. Jung (1966) denominava infecção psíquica o estado de indiscriminação que tomava conta do terapeuta quando seu inconsciente ficava ativado pelos conteúdos dos complexos do paciente, especialmente se estes mobilizavam seus próprios complexos, o que geralmente ocorria nesses estados. Complexos são entendidos como associações inconscientes em torno de conteúdos traumáticos ou dolorosos, carregados de emoções, de ideias, de imagens.

Desde o início da psicanálise o psicoterapeuta devia ser treinado para reconhecer essas projeções segundo o princípio básico, funcional, de que intensos conteúdos emocionais dos complexos, quando não são confrontados conscientemente - ou seja, elaborados -, são projetados. Há casos de desajuste grave nos quais, em vez de projeção, há uma retirada patológica para o mundo interior.

O reconhecimento das transferências inconscientes faz parte da educação do psicólogo e do psiquiatra, pois eles tratam da psique. Já o médico, lidando com sintomas orgânicos, não precisaria desses cuidados. Verificou-se, entretanto, que os dinamismos psicológicos apareciam no consultório médico com a mesma intensidade, apesar de as defesas impedirem essa constatação. Aquilo que Jung (1966) ensinava aos psicoterapeutas, que o poder curativo, bem como o risco dissociativo, incluía a personalidade do médico terapeuta, Balint (1957/1988) estendeu à personalidade do médico clínico ou especialista agindo com efeito curativo ou nocivo.

Atualmente, a literatura sobre o tema é bastante abrangente, e é de fundamental importância evitar o entusiasmo psicologizante e desconsiderar o contexto. Existem autores, como Balint, que se especializaram nos vínculos transferenciais dentro do campo médico, tentando compreender o fenômeno e sua interferência profissional. Por exemplo, o médico pode refletir as emoções de raiva e de desespero do paciente e de seus familiares (Meier, Back & Morrison, 2001).

Luchina et al. (1979) apontam que a doença circula em torno de um vínculo que o paciente estabelece com seu médico, havendo uma dinâmica psíquica com conteúdos transferenciais e contratransferenciais, os quais permeiam inclusive a instituição. O médico tem um papel pouco explicitado, que é o de organizador da doença: "Esta organização tem profunda influência sobre o doente e dá ao médico uma especificidade operativa cuja importância muitas vezes ele não sabe precisar nem compreender" (p. 203).

Um exemplo de atendimento e sentimento contratransferencial se deu com uma médica atendendo um paciente homem paralisado com doença Guillan-Barré, que mal falava por conta da traqueostomia. Ela sentiu vergonha das perguntas que fez, e isso lhe permitiu tomar consciência de que esse sentimento decorria da situação dele, o que a induziu a perguntar finalmente ao paciente o que o incomodava no modo como era tratado, abrindo, assim, a aliança para o tratamento e os cuidados (Halpern, 2003).

Uma consequência grave do desconhecimento de atuações inconscientes é que elas podem levar a erro diagnóstico e clínico (iatrogenia). Luchina et al. (1979) dão o exemplo de uma atitude intervencionista de um cirurgião chefe de departamento cuja decisão não se devia meramente a razões científicas, mas a circunstâncias pessoais de falibilidade, impedindo o médico de assumir uma atitude mais moderada que seria benéfica a uma paciente com câncer. No caso, o cirurgião estava apreensivo e deprimido devido a uma intervenção prévia que ele realizara com um colega e fora malsucedida. Além de criar um clima de tensão no departamento, optara por uma cirurgia radical na paciente, o que ela não contestou, apesar de seu desagrado e tristeza. Quando as motivações inconscientes foram elaboradas, o médico reavaliou sua posição e mudou de conduta. Segundo os autores, a identidade do médico entra em regressão diante de conflitos inconscientes e, ao usar racionalizações que são respostas contratransferenciais, ele perde a objetividade científica.

Outra problemática é que o médico atue em papel complementar ao paciente que se debate com o mesmo complexo, levando, por exemplo, este último a antagonismo contestatório disputando autoridade, e até chegando a provar inconscientemente que nenhum tratamento dá certo (Balint, 1957/1988; Perestrello, 1996; Dossey, 1984; Whitmont, 1996). Da parte do médico, ausentar-se de poder é inadequado e nocivo, quando sentimentos de impotência podem ocasionar uma intimidade inapropriada com o paciente. Segundo Whitmont (1996), duas formas de defesa contra a vulnerabilidade se dariam: via afastamento ou a partir da identificação exagerada com a vítima. No primeiro caso o risco é o poder manipulativo; no segundo, a tendência a vitimar-se, por exemplo, pela exaustão.

Entre as projeções recorrentes, a vulnerabilidade inconsciente formataria uma alteridade ameaçadora. Verifica-se principalmente em estudantes e residentes um afastamento de pacientes de populações vulneráveis, estigmatizados, marginalizados, idosos avançados com deterioração cognitiva, doentes crônicos, pessoas com deficiências físicas, pessoas de meio cultural distinto, adictos, pessoas institucionalizadas. Tais pacientes, de um lado, são tidos como estranhos e alheios, mas, de outro, representam uma ameaça ao eu. Despertam sentimentos de vergonha e de desconforto e, ao afastar-se deles, afasta-se o sentimento indesejável. Esses pacientes também representam um confronto com a falibilidade, uma ameaça à segurança do saber. Denegri-los com julgamentos de valor, como "não emagrece porque é preguiçoso", ou "continua se drogando porque não tem caráter", representa uma defesa de evitação e, no outro polo, uma contrarreação pode incorrer em admiração excessiva não realista a respeito da capacidade do paciente vulnerável, tirando deste o recurso de modular estratégias mediante a aceitação da expressão de dor e de sofrimento (Shapiro, 2013).

Finalmente, o simbolismo mais poderoso e atuante nessa relação é certamente o de curador. Trata-se de complementar o que é evidente e esperado: que o médico exerça sua profissão. Jung (1966) destacava o poder curador da atitude mental; citando Paracelso e sua arte de teorizar, propunha que o médico devia induzir não somente em si, mas também no paciente um modo de olhar para a doença que efetivasse a cura e a recuperação no alcance do possível.

O curador que potencializa a saúde, segundo Whitmont (1996), potencializa também a possibilidade de destruir, de modo que a máxima *nil nocere* apontaria para o perigo real de o médico ser iatrogênico; seria a polaridade simbólica do curador-destruidor. Essa polaridade, para o autor, deveria ser reconhecida com a força que lhe é inerente, pois meramente negá-la a relega à inconsciência. Em termos concretos, substâncias que promovem cura induzem a patologias secundárias. Em termos de projeções, a substância é o próprio médico como Balint (1957/1988) o descreveu: a droga mais usada na medicina e a menos conhecida.

Um exemplo da magnitude desse efeito e da disponibilidade imaginativa e afetiva do médico vem do próprio Osler, modelo de competência clínica. Osler estava a caminho de uma cerimônia de graduação em Oxford com o traje cerimonial quando um amigo lhe pediu que examinasse o filho com tosse convulsa (coqueluche), na época intratável. O menino apresentava uma bronquite severa e não conseguia comer; Osler sentou-se na cama do garoto, cortou gomos de laranja com açúcar e lhe disse que era uma fruta mágica e que, se comesse um pedacinho de cada vez, melhoraria. Ao pai declarou que sentia muito, mas dificilmente o menino se curaria por completo. O amigo depois lhe contou que o filho pensava que era um personagem mágico com seu traje aparamentado. Nos próximos 40 dias, Osler ia à enfermaria e, antes de visitar o garoto, punha seu traje cerimonial. A recuperação do menino foi, surpreendentemente, total (Bryan, 1999).

O processo de tomada de decisão

A dificuldade de lidar com afetos e desemaranhar projeções quando, ao mesmo tempo, ações assertivas e muitas vezes rápidas devem ser efetivadas endossa o uso de defesas para conter emoções. Boa parte da classe médica adverte com relação aos perigos do envolvimento e não considera a diferença entre expressão emocional e deixar-se tomar pelas emoções, como visto neste capítulo. Certamente a tarefa está longe de ser simples, como ilustra o diálogo entre o cardiologista Carlos Pastore (2000) e um médico da plateia numa conferência:

> *Pastore: "É muito duro viver a emoção do dia a dia; deve-se suportar a tensão e ampliar o espaço mental".*
>
> *Médico: "Por isso usa-se a defesa para sobreviver".*

Mas o que dizer do processo intrínseco ao ato médico que se refere à tomada de decisão? Será esta descontaminada afastando-se as emoções? Se, de um lado, a emoção deve ser contida para se pensar e agir com clareza e discriminação, existem ligações frequentemente desconsideradas entre ambas as manifestações. Ou seja, emoção e cognição seriam como duas irmãs que brigam muito, mas estão sempre juntas.

Uma área da medicina que tem recebido destaque refere-se aos processos de tomada de decisão. A literatura médica debruçou-se sobre esse processamento buscando compreender modelos de raciocínio e de resolução de problemas na prática clínica e quais deles induziriam erros clínicos. Um livro bastante divulgado é o do médico Jerome Groopman (2008), *How physicians think*, que descreve processamentos cognitivos e como pacientes considerados difíceis impactam negativamente a decisão médica. Alicerçados nele, diversos diálogos e debates convergiram para a interferência das emoções nos processos decisórios. Partindo da premissa usualmente aceita de que pensamento e sentimento são tidos como separados – em que a cognição detém o processo racional do pensamento e a emoção, por ser irracional, obscurece o pensamento e distorce a razão –, lançam-se novas indagações embasadas em teorias da neurociência.

Um de seus expoentes, António Damásio (1996, 2011), que estuda o cérebro e as emoções, propõe a hipótese de um marcador somático, em que que a emoção, em vez de inibidora da razão, é indispensável à tomada de decisão por estar presente no momento de selecionar as respostas, modulando a avaliação do valor das escolhas possíveis; portanto, as avaliações empregariam tanto processos cognitivos como emocionais. Wilson (1999) descrevia essa conexão pela qual, sem o estímulo e a orientação da emoção, o pensamento racional lentifica e se desintegra. A consciência não constitui um centro de comando remoto, mas é parte de um sistema intimamente conectado a todos os circuitos neurais e hormonais que regulam a fisiologia.

A conceituação de marcador somático (Damásio, 1996) o define como semelhante a uma sensação corporal diante de determinada situação, como uma imagem marcada, que atua como um sinal de alarme automático. Esses sinais fariam com que se rejeitasse uma ação e se escolhessem alternativas. Damásio esclarece que, embora a emoção e os impulsos biológicos possam provocar irracionalidade em algumas circunstâncias, eles são indispensáveis em outras, especialmente nos comportamentos racionais dos domínios pessoais e sociais. A interferência negativa ocorreria quando se sobrepõem a fatores objetivos ou quando interferem na memória de trabalho. Importa diferenciar o tipo e a quantidade de marcadores somáticos adequados a cada situação: não se trata de destronar a racionalidade, mas de ampliá-la, dando mais atenção à plasticidade da subjetivação, dos estados somáticos, e de realçar os efeitos positivos de emoções, reduzindo o potencial negativo quando afetam os processos de planejamento e decisão.

> *A ação dos impulsos biológicos, dos estados do corpo e das emoções pode ser uma base indispensável para a racionalidade. Os níveis inferiores do edifício neural da razão são os mesmos que regulam o processo das emoções e dos sentimentos, juntamente com o das funções globais do corpo, de modo que o organismo consiga sobreviver. Esses níveis inferiores mantêm relações diretas e mútuas com o corpo propriamente dito, integrando-o desse modo na cadeia de operações que permitem os mais altos vôos em termos da razão e da criatividade. Muito provavelmente, a racionalidade é confirmada e modulada por sinais do corpo, mesmo quando executa as distinções mais sublimes e age em conformidade a elas. (Damásio, 1996, p. 233)*

As emoções são ainda fundamentais para o aprendizado e a memória e, neurologicamente, a amígdala, que medeia respostas emocionais, realiza também a interface com os processos de decisão do córtex frontal. LeDoux (2001) destaca que a ciência cognitiva redescobriu os processos emocionais no cenário dos processos cognitivos e que ambos, apesar de distintos, constituem funções mentais interativas.

Pesquisas em situações clínicas retomam a evidência de que a atividade cognitiva efetivada para a tomada de decisão pode se alterar ou mudar em estados emocionais, influenciando negativamente a escolha de estratégias nas decisões e na solução de problemas. Acrescentam, a par das teorias em neurociência, que também podem exercer influência positiva, contribuindo efetivamente para o processo de decisão (Croskerry, Abbass & Wu, 2010).

O paradigma teórico atual de raciocínio clínico considera que este seja baseado em um processo dual que integra modelos analíticos (consciente, dirigido por pensamento crítico) e não analíticos (inconsciente, intuitivo, com padrões automáticos). Esses processos não analíticos dependem de atividades aprendidas via memória implícita e são despertados por estímulos. Denomina-se heurística o uso de atalhos mentais e as estratégias cognitivas usadas automática e inconscientemente que, de um lado, facilitam a tomada de decisão e corrigem o pensamento analítico, mas também podem frequentemente induzir a erro, reforçando a importância de que o médico reconheça a influência de emoções (Balogh, Miller & Ball, 2015; Groopman, 2008). De um lado, é fato que o viés afetivo altera o raciocínio e, de outro, clínicos experientes utilizam modelos não analíticos (Croskerry, 2003). Depreende-se que estados afetivos têm papel positivo e negativo no raciocínio clínico e na tomada de decisão (Balogh et al., 2015; Croskerry, Abbass & Wu, 2010), observando que uma das principais fontes de viés emocional se encontra na contratransferência (Croskerry, Abbass & Wu, 2008).

Entende-se na atualidade ser fundamental o reconhecimento emocional, e para o atendimento mais seguro ao paciente os médicos necessitam competência nos domínios procedural, cognitivo e emocional. Competência emocional se refere à habilidade do clínico de reconhecer suas emoções para também conseguir – quando necessário – limitar a influência potencial de seu próprio estado emocional nas decisões de diagnóstico e de tratamento (Croskerry, Abbass & Wu, 2010). Após publicação do livro de Groopman, a médica Danielle Ofri (2014) escreveu *What doctors feel*, que aborda o impacto de distintas emoções no atendimento. A obra endossa o interesse crescente pelo estudo de emoções na prática clínica e pelas pesquisas a respeito da regulação de emoções.

Fontes de erro estudadas como atribuição e outras projeções retomam da psicanálise a noção de contratransferência, como feito por Balint (Croskerry, Abbass & Wu, 2008, 2010).

Vejamos exemplos citados por Croskerry, Abbass e Wu (2010). Uma paciente de 28 anos tratada em clínica de adições veio para atendimento de emergência queixando-se de ansiedade e dores no peito e temia ter problema cardíaco. O médico que a atendeu costumava reclamar de pacientes que se autoinfligem doenças. Ele constatou que o eletrocardiograma de rotina era normal, mas irritou-se porque a paciente tinha saído para fumar; após dirigir um sermão à paciente sobre o fumo, dispensou-a, e ela retornou ao centro de adições. Horas depois teve novamente dor no peito, seguida de parada cardíaca, e veio a falecer. A autópsia revelou embolia pulmonar. Houve um erro que se denomina erro de atribuição (processo interpretativo que traça julgamentos e inferências sobre ocorrências). Os erros de atribuição costumam ser mais dirigidos aos pacientes que seriam tidos como desagradáveis e são vinculados geralmente a projeções e contratransferência.

O caso mostra que o médico focou mais na disposição da paciente – adicta – do que na situação e, além de ignorar condições psicológicas de trauma e história de abuso sexual que antecederam o uso de drogas, deixou de checar que ela tomava pílula anticoncepcional sabendo que era fumante.

Outro exemplo, desta vez com contratransferência positiva: a filha levou o pai idoso ao médico suspeitando demência devido a desorientação, estados de ausência e memória diminuída. O médico teve sentimento positivo, pois o paciente lhe recordava seu pai; fez exames de rotina e os tranquilizou, sem investigar mais a fundo. Dois dias depois o paciente teve alucinações e constatou-se metástase no cérebro de origem pulmonar.

Classicamente se poderia dizer que o médico do primeiro exemplo se deixou levar por emoções de irritação em decorrência de preconceito e o do segundo se excedeu na empatia positiva: se a tivesse controlado, manteria a equanimidade. Há consenso de que a contratransferência precisa ser reconhecida e que a interferência de emoções não é somente negativa. Entretanto, atinar com as estratégias estudadas pelas teorias de regulação de emoções é bastante complexo. Por exemplo, admitindo o risco de descontrole emocional que afeta as decisões, não há convergência a respeito de como lidar com a contratransferência e o alcance das defesas empregadas.

A regulação indica um meio para conter excesso de envolvimento emocional sem automatizar a mera repressão: desconhecer as repostas contratransferenciais e evitá-las não seria tão eficiente como se advoga na educação médica. Defesas inconscientes, repressão e projeções do médico produzem uma variedade de sintomas e comportamentos no paciente que podem comprometer sua segurança, entre os quais ansiedade inconsciente com perturbação cognitivo-perceptual e *burnout*, bem como diversos sintomas físicos (dores musculares, cefaleias, perturbações gastrointestinais, hipertensão e outras). E, ainda, o distanciamento excessivo provoca sentimentos de negligência e de abandono. Portanto, para grande parte desses autores médicos, o manejo da dualidade razão e emoção se daria aumentando o grau de autoconsciência e de compreensão do impacto do estado emocional do médico no comportamento clínico, particularmente compreendendo a contratransferência e os erros de atribuição, bem como outros fenômenos emocionais – como medo, vergonha e estigmatização –, que influenciam o comportamento e constroem barreiras contra a intervenção adequada (Croskerry, Abbass & Wu, 2010).

As intuições do médico

A intuição e a imaginação fazem parte do espírito científico: "Uma coisa parece clara, uma coisa que ademais está na etimologia da palavra conhecimento (*cogito*: agitar conjuntamente): a imaginação se alimenta de remexer as ideias" (Wagensberg, 1990, p. 13).

Partindo das premissas de Damásio, entende-se que na atividade clínica a lógica isolada não determina o que deve ser levado em conta; a sintonia não verbal automaticamente dirige a atenção para aquilo que tem significado emocional para o paciente, afirmam Croskerry, Abbass e Wu (2010), complementando que certamente as intuições não substituem o exame clínico e o histórico apurado e outras pistas clínicas.

A questão em pauta é o quanto a intuição faz parte do raciocínio médico. Há médicos que respondem afirmativamente, apontando diferentes premissas: seja para abandono da fixidez e das limitações com o objetivo de revisar e reconstruir, desde que se mantenha um olhar crítico ao mesmo tempo que se libera a imaginação; seja para associar imaginação a intuição, treinando uma sensibilidade intuitiva essencial à compreensão clínica; seja para estimular impressões que se somam aos fatos (Brueggemann, 1985; Sacks, 1999; Selzer, 1994). Cabe até a expressão de metáforas – por exemplo, em cirurgia cardíaca a cavidade peritoneal comparada ao templo sagrado que se identifica ao bloco cirúrgico: abrigo de um paciente necessitado, com medo e dor, constituindo um ambiente sagrado, de harmonia e de respeito (Pimenta, 1998).

A intuição clínica abrange uma variedade de processos cognitivos que não se restringiriam a uma primeira impressão. Essa perspectiva enfatiza que julgar intuitivamente é um processo emocional, em parte derivado do fato de que o aprendizado é mais forte quando associado a afetos. Têm-se realizado pesquisas para comprovar o quanto ela é usada nas decisões médicas e se leva a erro diagnóstico; conclui-se em geral que métodos analíticos e não analíticos são usados e a intuição seria mais empregada por médicos experientes, em situações de resposta rápida ou de complexidade, apesar de ser também sujeita a erro (Norman & Eva, 2010; Van Den Brink & Schuurman, 2015).

Apesar de ser um fenômeno difícil de delimitar, realizaram-se pesquisas para verificar como a intuição atua e se apresenta; uma delas revelou o efeito de sua vinculação a emoções negativas ou positivas sobre casos; as negativas prediziam maior número de exames solicitados, o que ocorria mais no início da hospitalização, quando o médico tinha menos informação (Trafton, 2018). Um denominador comum nas intuições é que costumam assinalar um alarme, algo que não parece certo, e, apesar de o médico ter alguma base para esse palpite, este não provém de evidência ou normas. Muitas vezes leva a opiniões contrárias às de colegas. Um exemplo é o caso de um paciente de 28 anos com sintomas semelhantes a gripe e cujo diagnóstico final foi de septicemia meningocócica; o médico que o diagnosticou ficou intranquilo com a aparência inicial e investigou mais a fundo, inclusive examinando o olho para papiledema. A equipe se surpreendeu com o *insight* que apareceu como uma pista, sem ter havido padrão reconhecível de início.

É frequente o conflito entre aquilo que aparece como intuição e uma interpretação mais racional, pois a intuição não é baseada em evidências e a pista que a origina é complexa e difícil de expressar. O resultado pode ser positivo, como nesse exemplo, mas pode haver erro. Uma das hipóteses para tal processamento é que a sensação de intranquilidade seja decorrente de conhecimento implícito agindo no momento (conhecimento aprendido pela experiência, não conscientemente disponível) (Woolley & Kostopoulou, 2013).

Pesquisando ainda as emoções de tranquilidade ou de alarme, verificou-se que este surgia quando o médico tinha a intuição de que algo estava errado, embora argumentos objetivos estivessem faltando. Muitas vezes a emoção de alarme era percebida como uma sensação física no abdômen ou no coração, denotando que parecia haver algo de errado. A sensação de alerta ou alarme, definida como uma sensação desconfortável, estimula o médico a pesar hipóteses diagnósticas que poderiam envolver um resultado grave ou prognóstico negativo (Stolper et al., 2009; Stolper, Van Royan & Dinant, 2010).

Na literatura há argumentos a favor e contra o uso da intuição na clínica; entretanto, convergem na necessidade de ela ser acoplada a métodos analíticos de aferição cognitiva. Salienta-se que cada médico terá seu estilo, e a centelha que os perpassa é que se mantenham ativos a curiosidade, a compaixão, o senso de deslumbramento e de admiração (Bryan, 2017).

Referências

Arruda, P. V. de (1998). Relação médico-paciente: o ponto de vista da psiquiatria. In E. Marcondes, & E. L. Gonçalves, *Educação médica* (pp. 58-63). São Paulo: Sarvier.

Balint, M. (1988). *O médico, seu paciente e a doença*. São Paulo: Atheneu. (Trabalho originalmente publicado em 1957)

Balogh, E. P., Miller, B. T., & Ball, J. R. (Eds.) (2015). Improving diagnosis in health care. Washington, DC: The National Academies Press.

Benedetti, F. (2013). Placebo and the new physiology of the doctor--patient relationship. *Physiol Rev., 93*(3), 1207-1246.

Benedetti, F. et al. (2007). When words are painful: unraveling the mechanisms of the nocebo effect. *Neuroscience, 147*(2), 260-271.

Bohoslavsky, R. (1974). *Orientación vocacional: la estrategia clínica*. Buenos Aires: Nueva Visión.

Bryan, C. S. (1999). Caring carefully: Sir William Osler on the issue of competence vs compassion in medicine. *BUMC Proceedings*, (12), p. 277-284.

Bryan, C. S. (2017). *Osler then and now: are the humanities still the hormones?* Lecture at the American College of Physicians, Charleston, South Carolina. Recuperado de: https://www.aconline.org/sites/default/files/images/about_acp/chapters/sc/17mtg/bryan_osler_then_and_now_are_the_humanities_still_the_hormones.pdf

Brueggemann, J. G. (1985). Poetry and medicine. *Perspectives in Biology and Medicine, 28*(3), 370-373.

Byington, C. A. B. (1995). A perspectiva simbólica do espectro obsessivo-compulsivo. *Junguiana* (São Paulo), (13), 90-121.

Croskerry, P. (2003). The importance of cognitive errors in diagnosis and strategies to minimize them. *Academic Medicine, 78*(8), 775-780.

Croskerry, P., Abbass, A., & Wu, A. W. (2008). How doctors feel: affective issues in patients' safety. *Lancet, 372*(9645), 1205-1206.

Croskerry, P., Abbass, A., & Wu, A. W. (2010). Emotional influences in patient safety. *Journal Patient Safety, 6*(4), 199-205.

Damásio, A. R. (1996). *O erro de Descartes: emoção, razão e o cérebro humano*. São Paulo: Companhia das Letras.

Damásio, A. R. (2011). *E o cérebro criou o homem*. São Paulo: Companhia da Letras.

De Marco, M. A. (2005). *Comunicação em saúde: fatores que interferem no vínculo e na comunicação na relação médico-paciente* (Tese de doutorado em Ciências). Escola Paulista de Medicina, São Paulo.

Dossey, L. (1984). *Beyond illness*. Boston: Shambala.

Dossey, L. (1985). *Space, time and medicine*. Boston: Shambala.

Finniss, D. G. et al. (2010). Placebo effects: Biological, clinical and ethical advances. *Lancet, 375*(9715), 686-695.

Finset, A., & Mjaaland, T. A. (2009). The medical consultation viewed as a value chain: A neurobehavioral approach to emotion regulation in doctor-patient interaction. *Patient Education and Counseling*, (74), 323-330.

Gaiarsa, J. A. (1971). *Respiração e angústia*. São Paulo: Informática.

Gaiarsa, J. A. (1982). *Reich 1980: trabalho corporal em psicoterapia*. São Paulo: Ágora.

Gill, M. (2016). Doctors' emotional awareness and emotional regulation and patient satisfaction: an exploration. *Research Journal of Management Sciences, 5*(9), 17-23.

Groopman, J. (2008). *Como os médicos pensam*. Rio de Janeiro: Agir.

Gross, J. J., & John, O. P. (2003). Individual differences in two emotion regulation processes: Implications for affect, relationships, and well-being. *Journal of Personality and Social Psychology, 85*(2), 348-362.

Halpern, J. (2003). What is clinical empathy? *Gen Intern Med, 18*(8), 670-674.

Hoirisch, A. (1976). *O problema da identidade médica* (Tese). Universidade Federal do Rio de Janeiro, Rio de Janeiro.

Jacoby, M. (1971, jan.-fev.). *O conceito de ego e os problemas da fraqueza do ego.* Tradução de palestras do Instituto C. G. Jung, Zürich.

Jung, C. G. (1966). *The practice of psychotherapy. CW 16.* Princeton: Princeton University Press.

Jung, C. G. (1971). *Psychological types. CW 6.* Princeton: Princeton University Press.

Kafetsios, K. et al. (2016). Doctors' attachment orientations, emotion regulation strategies, and patient satisfaction: a multilevel analysis. *Health Communication, 31*(6), 2016. Recuperado de: https://www.tandfonline.com/doi/full/10.1080/10410236.2014.993497?needAccess=true

Kaufman, A. (1992). *Teatro pedagógico: bastidores da iniciação médica.* São Paulo: *Ágora.*

Kearney, M. K. et al. (2009). Self-care of physicians caring for patients at the end of life: "Being connected... A key to my survival". *JAMA, 301*(11), 1155-1164.

LeDoux, J. (2001). *Cérebro emocional: os misteriosos alicerces da vida emocional.* Rio de Janeiro: Objetiva.

Lerner, B. (1997). From careless consumptives to recalcitrant patients: the historical construction of noncompliance. *Social Science Medicine, 45*(9), 1423-1431.

Lerner, B. (2014). *The good doctor: a father, a son, and the evolution of medical ethics.* London: Beacon Press.

Lowen, A. (1972). *Depression and the body.* New York: Penguin Books.

Luchina, I. L. et al. (1979). *Asistencia institucional: nuevos desarrollos da la interconsulta médico-psicológica.* Buenos Aires: Nueva Visión.

McRae, K. et al. (2012). Bottom-up and top-down emotion generation: implications for emotion regulation. *Soc Cogn Affect Neurosci., 7*(3), 253-262.

Mandell, H., & Spiro, H. (Eds.) (1988). *When doctors get sick.* New York: Plenum Medical Book.

Meier, D. E., Back, A. L., & Morrison, S. (2001). The inner life of physicians and care of the seriously ill. *JAMA, 286*(23), 3007-3014.

Mello, F. J. de et al. (1992). *Psicossomática hoje.* Porto Alegre: Artes Médicas.

Millan, L. R. et al. (1990). O suicídio entre estudantes de medicina. *Revista do Hospital das Clínicas da Faculdade de Medicina de São Paulo, 45*(3), 145-149.

Millan, L. R. et al. (1998). Assistência psicológica ao estudante de medicina. In Marcondes, E., & Gonçalves, E. L., *Educação médica* (pp. 340-354). São Paulo: Sarvier, 1998.

Millan, L. R. et al. (1999). Alguns aspectos psicológicos ligados à formação médica. In L. R. Millan et al., *O universo psicológico do futuro médico* (pp. 75-82). São Paulo: Casa do Psicólogo.

Moerman, D. (2003). Doctors and patients: the role of clinicians in the placebo effect. *Adv Mind Body Med., 19*(1), 14-22.

Monrouxe, L. (2015). *Foundation doctors, transitions and emotions*. Chang Gung Medical Education Research Centre, Chang Gung Memorial Hospital, Taiwan. Recuperado de: https://orca.cf.ac.uk/83281/1/Foundation_doctors__transitions_and_emotions_FINAL_REPORT_221015.pdf_63242046.pdf

Nogueira Martins, L. A. (1992). Interconsulta hoje. In F. J. de Mello et al., *Psicossomática hoje* (pp. 160-164). Porto Alegre: Artes Médicas.

Nogueira Martins, L. A. (1994). *Residência médica: um estudo prospectivo sobre dificuldades na tarefa assistencial e fontes de estresse* (Tese de doutorado). Escola Paulista de Medicina, São Paulo.

Norman G. R., & Eva, K. W. (2010). Diagnostic error and clinical reasoning. *Med Educ.*, *44*(1), 94-100.

Ofri, D. (2014). *What doctors feel: how emotions affect the practice of medicine*. Boston: Beacon Press.

Pastore, C. R. (2000). Emoção na clínica médica (informação verbal). In Congresso Brasileiro de Medicina Psicossomática, 12. São Paulo.

Perestrello, D. (1996). *A medicina da pessoa*. Rio de Janeiro: Atheneu.

Pimenta, L. G. (1998). Bloco cirúrgico. *Revista Médica de Minas Gerais, 8*(2), 79-81.

Price, D. D., Finniss, D. G., & Benedetti, F. (2008). A comprehensive review of the placebo effect: recent advances and current thought. *Annu Rev Psychol.*, (59), 565-590.

Saadeh, A. (1995). *Internato em medicina: estudo da interação estudante-paciente* (Dissertação de mestrado). Faculdade de Medicina, Universidade de São Paulo, São Paulo.

Sacks, O. (1999). *Um antropólogo em Marte*. São Paulo: Companhia das Letras.

Selzer, R. (1996). *Letters to a young doctor*. New York: Harcourt Brace & Company.

Shapiro, J. (2013). The feeling physician: educating the emotions in medical training. *European Journal for Person Centered Healthcare, 1*(2), 310-316.

Simon, R. (1971). O complexo tanatológico justificando medidas de psicologia preventiva para estudantes de Medicina. *Boletim de Psiquiatria, 4*(4), 113-115.

Sindell, D. I., & Perr, I. N. (1963). Subjective complaints v. objective signs. *Clev.-Marshall Law Review*, (42), 43-58.

Stolper, E. et al. (2009). Consensus on gut feelings in general practice. *BMC Family Practice, 10*(66).

Stolper, E., Van Royen, P., & Dinant, G. J. (2010). The 'sense of alarm' ('gut feeling') in clinical practice. A survey among European general practitioners on recognition and expression. *Eur J Gen Pract., 16*(2), 72-74.

Trafton, A. (2018). Doctors rely on more than just data for medical decision-making. Massachusetts Institute of Technology. *MIT News*.

Van Den Brink, N., & Schuurman, A. (2015). *Gut feelings in General Practice. Role of intuitive knowledge in diagnostic reasoning of hospital specialists: a literature study Universities of Maastricht, Antwerp, Göttingen, Brest and Paris*. Recuperado de: http://www.gutfeelings.eu/2015/11/29/role-intuitive-knowledge-diagnostic-reasoning-literature-study/

Wagensberg, J. (1990). La ciencia, esa ficción de la realidad. In H. Haken et al., *Sobre la imaginación científica*. Barcelona: Tusquets Editores.

Whitmont, E. (1996). The alchemy of healing: psyche and soma. Berkeley: North Atlantic Books.

Wilson, E. O. (1999). *A unidade do conhecimento: consiliência*. Rio de Janeiro: Campus.

Woolley, A., & Kostopoulou, O. (2013). Clinical intuition in family medicine: more than first impressions. *Ann Fam Med., 11*(1), 60-66.

Yamey, G., & Wilkes, M. (2001). Promoting wellbeing among doctors. *BMJ, 322*(7281), 252-253.

Zaher, V. L. (1999). *Da vocação médica ao exercício profissional* (Tese de doutorado). Faculdade de Medicina, Universidade de São Paulo, São Paulo.

A subjetivação do paciente: o processo de adoecer

> *Em qualquer circunstância a regra básica do procedimento dialético é que a individualidade do sofredor tem o mesmo valor, o mesmo direito à existência que aquela do médico.*
>
> Jung (1966, par. 11)

Somos acometidos pela doença, ela nos assalta inesperadamente ou ataca as pessoas amadas, e nesse espanto e impotência o médico surge como fonte de salvação. Plenamente compreensível, portanto, que se projete nele um poder demiúrgico, paternalista, apesar da crescente autonomia atribuída ao paciente na atualidade, pois em inúmeras situações o poder e a autoridade unilateral do médico são fonte de proteção, seja porque o paciente está debilitado, ou em situação de risco imediato, seja porque simplesmente não dispõe de elementos a seu alcance para decidir, e a confiança no médico intervém como suporte em momento de intensa angústia. A aliança com o paciente será sempre uma relação de múltiplas facetas e vertentes que requer discernimento e sensibilidade; um de seus componentes é a constatação de que a participação no processo de recuperação por parte do doente contribui para a cura ou alívio de sintomas. Esse fato, já documentado cientificamente, saiu da seara da magia e dos encantamentos de práticas ritualísticas e tem se atualizado na medicina com o efeito placebo e o estudo de conexões biológicas e neuronais.

O simbolismo do curador ferido interior

Paracelso reconhecia conscientemente o poder curativo da atitude mental, e dele fazia uso. Médicos atuais incorporam o símbolo de curador interno traduzido na potência biológica e psíquica restauradora do organismo. O símbolo ativado outorga – na medida do possível – participação ao paciente quando este assume responsabilidade e compromisso no tratamento (Whitmont, 1996; Dossey, 1984; Siegel, 1998; Arruda Martins, 2000; Wisneski & Anderson, 2009; Remen, 1998; Lown, 1997).

Um dos símbolos de curador é o curador ferido, aquele que conseguiu superar uma doença e adquiriu poderes de cura; esse simbolismo para o médico significa, de um lado, que ele conhece o sofrimento, e, de outro, que pode curar e ferir. Para o paciente seria uma imagem que o propulsiona a buscar a cura a partir da ferida que carrega.

Etimologicamente, *pharmakos* significa bode expiatório sofredor, cujo sacrifício afasta os males. O termo, portanto, conota remédio e veneno ao mesmo tempo; simbolismo também presente na serpente mítica, no caduceu, que reúne o veneno e o potencial de renovação. Na religião iorubá, um dos orixás é Obaluaê, senhor da peste, da varíola, da doença infecciosa, conhecedor de seus segredos e de sua cura. Representa o xamã curador-ferido-destruidor;

em uma de suas múltiplas histórias, chegou mais tarde na partilha de bens com os irmãos e só lhe sobrou a peste, que ninguém quisera; muito contrariado a princípio, foi o único que pôde erradicar a varíola da população: "só ele tinha o poder sobre as pestes, só ele sabia os segredos das doenças". Depois de homenagens e sacrifícios em sua honra, a epidemia foi vencida e viu-se que seu poder era infinito, o maior de todos os poderes (Prandi, 2001, p. 210).

A etimologia latina de alguns termos vinculados à doença e à cura elucidam como vivenciamos esses estados do adoecer. Assim, temos: *pharmacum*: medicamento, remédio, veneno; *medicamen, medicamentum*: medicamento, veneno, malefício; *medicamentarius*: farmacêutico, feiticeiro, o que envenena; *medicatus*: medicinal, envenenado, sono provocado à força de malefícios; além de *iatrogenia*, do grego *iatros*, médico, e *gen*, gerar; ou seja, os males eventuais que provêm do ato médico.

Já nos termos seguintes, somente o ato de curar está presente: *medicina*: medicamento, a medicina, ser médico, dar conselho saudável; *medicus, medico*: o médico, medicinal, curar, misturar drogas; *medicor*: curar, curar do medo.

Esses sentidos etimológicos refletem como o paciente vê ou imagina seu médico, dotado de poderes de salvação ou de malefício, em que curar do medo parece uma boa figuração do que ocorre quando o terror da deformidade da doença começa a ser sustentado, mitigado e apaziguado. O sono maléfico indutor da morte seria talvez a representação da impotência acumulada pela história da medicina que avança nos limites da finitude. A saúde e a doença são objetivamente orgânicas, fisiológicas, materiais e, simultaneamente, subjetivadas pela pessoa que transita por esses estados.

Os processos inconscientes nos estados de saúde e doença

Um campo novo abriu-se à medicina com conceitos antes restritos à filosofia e à psicologia quando se incorporaram a mente e as emoções à ciência. Foi uma consequência que a biociência moderna observasse a mente interferindo na saúde, de fundamental importância para a prevenção e para a recuperação. Nos últimos 20 anos têm-se estudado cientificamente processos psicológicos envolvidos nos cuidados de saúde e as variáveis interligadas referidas a suporte social e vínculos afetivos, emoções, manejo de estresse, adaptação à doença crônica, comportamento de risco e de promoção de saúde, tomada de decisão nos cuidados de saúde, adesão do paciente, comunicação com o médico, psicofarmacologia, psiconeuroimunologia, biologia molecular (Friedman, 2014).

Este item e o que segue trazem descrição de pesquisas inseridas no texto. No presente item abordam-se pesquisas que têm demonstrado a relevância do suporte social, do amor e das relações afetivas na manutenção de saúde e da remissão (Da Silva, 1998; Ornish, 1998; Ornish & Ornish, 2019; Siegel, 1986/1989; Friedman, 2014). Estuda-se a ação de moléculas de oxitocina na regulação da capacidade de amar e de formar vínculos, assim como sua contribuição para o bem-estar e a saúde. O envolvimento social ajuda no manejo do estresse, e os mesmos hormônios e áreas do cérebro que aumentam a resistência ao estresse permitem uma adaptação mais adequada a mudanças ambientais. Depreende-se que pessoas com apoio emocional e relacionamentos tendam a ser mais resilientes que aquelas solitárias e isoladas. A explicação biológica inclui a oxitocina, que modula o eixo hipotálamo-pituitário-adrenal (HPA), particularmente em perturbações de homeostase, e está envolvida na ação do sistema imunológico (Carter & Porges, 2013).

Estudos demostram o efeito de emoções no estresse e no bem-estar, por exemplo, a queda do colesterol durante a meditação, o rebaixamento imunológico durante o luto, arritmias fatais, ou quase fatais, em emoções intensas. Partindo de pesquisas em neurociências e fisiologia molecular, verificou-se a ação de receptores de peptídeos no cérebro e no corpo e suas conexões psicológicas: os neuropeptídeos e seus receptores seriam os correlatos bioquímicos das emoções e são liberados durante diversos estados emocionais:

> *Para Freud e Jung o inconsciente era ainda um construto hipotético. Para nós o inconsciente, mais definitivamente, significa níveis psicobiológicos de funcionamento por debaixo da consciência. Processos profundamente inconscientes são expressos em todos os níveis fisiológicos, chegando a órgãos individuais, como o coração, pulmões, pâncreas. (Pert citado por Siegel, 1998, p. 37)*

Um campo que atrai pesquisadores é a neurociência do comportamento associado à teoria do apego e vinculação afetiva no desenvolvimento. A teoria consiste em compreender o desenvolvimento do cérebro em função das relações sociais e de intimidade em que o sistema neural organiza apego, emoção e comunicação social, os quais, por sua vez, afetam o sistema neural - ou seja, os cérebros se regulam por meio de interações. Tais premissas são embasadas nas pesquisas sobre plasticidade neuronal, neurônios espelho e biologia do apego. A pessoa está sempre em situação, ativando fatores biológicos, somáticos e um núcleo inconsciente psicobiológico assim como influências sociais e culturais, ou seja, o contexto intersubjetivo compreende mente-corpo-ambiente, formando uma matriz relacional que inclui um núcleo psicobiológico inconsciente (Cozolino, 2006; Schore, 2002, 2012).

No âmbito da relação médico-paciente, estudos têm pesquisado a influência de tipos de apego e relação com pacientes. Kafetsios et al. (2016) analisaram respostas de 40 médicos e 160 de seus pacientes para verificar a influência de apego inseguro do médico na satisfação de pacientes e, apesar de não encontrar de modo geral tal relação, ela foi comprovada com pacientes de doenças consideradas mais graves. Estes mostraram maior insatisfação com aqueles médicos que revelavam apego inseguro e de evitação, os quais, por sua vez, ofereciam menor atenção nos casos graves. A regulação de afetos foi estudada em resposta à empatia e ao investimento em comunicação do médico que levava em consideração as emoções do paciente: estes últimos reagiam regulando seus afetos e demonstrando maior bem-estar, maior adesão e melhor manejo de cuidados. Depreende-se que o médico pode ajudar a regular emoções negativas e a aliviar o estresse de seus pacientes (Finset & Mjaaland, 2009; Kafetsios et al., 2016).

O médico, portanto, além de ter papel especial na organização afetiva em situação de estresse, visaria também ajudar a capacidade do corpo de se reordenar quando desafiado pelo processo da doença (Pert, 1993; Dossey, 1985, 2003; Friedman, 2014).

Ainda que essa reordenação não se efetive em virtude de condições fisiológicas irreversíveis, recuperar a dignidade propicia o enfrentamento, para o qual o apoio do médico se mostra essencial. "Para mim, como médico, a riqueza da natureza deve ser estudada no fenômeno da saúde e das doenças, nas infinitas formas de adaptação individual com que os organismos humanos, as pessoas, se reconstroem diante dos desafios e vicissitudes da vida" (Sacks, 1999, p. 16).

Um estudo qualitativo com 23 pacientes que relataram melhora de qualidade de vida, apesar de continuarem com sintomas de distintas doenças, atribuiu essa melhora a alguns fatores como conexão com cuidadores e amigos, ou até mesmo com animais de estimação; aquisição de confiança nos vínculos; percepção de compaixão e respeito na atenção da equipe de saúde; participação ativa no processo de cura; manutenção de expectativas positivas. É importante notar que, apesar de terem contado com poucos participantes, as entrevistas confirmam observações na clínica, particularmente na experiência dolorosa de quebra de integridade. Consideraram a recuperação uma jornada de saúde em que o sofrimento se referia, em grande parte, à ameaça de perda de integridade, e relataram ter desenvolvido um senso de coesão e de completude, apesar de terem dores e sintomas remanescentes (Scott et al, 2017).

A medicina reconhece o fenômeno de remissão espontânea ou doença autolimitante que, para muitos médicos, poderia ser considerada autoinduzida, sob efeito de interações entre o estrato celular e molecular, substâncias químicas cerebrais e sistemas que executam as funções vitais do organismo (Pert, 1993; Pert & Marriott, 2013).

Aprofundando a possibilidade de ativação de potencial de restabelecimento ou melhora, recentes pesquisas em imunologia e neurociências permitem compreender cientificamente, pelo menos em termos de princípios, o efeito placebo e as práticas de meditação, imaginação ou visualização, utilizadas para auxiliar nos processos de cura. As interações da fisiologia e da psiconeuroimunologia nos estudos de estresse e de doenças autoimunes, entre outras, fornecem explicação sobre o efeito placebo e a remissão de sintomas (Wisneski & Anderson, 2009), pautados pelas teorias de integração psicofísica, entendendo que o organismo é uma unidade corpórea e psíquica. Revisões sistemáticas com metanálise contribuem para o estudo da vinculação inseparável entre saúde do corpo e saúde da mente, perspectiva que tem finalmente recebido atenção e investigação na medicina ocidental. Estabelece-se a associação entre doença somática e transtorno psiquiátrico, particularmente depressão e estresse. Há ainda na depressão uma queda no sistema imunológico com aumento de citocinas pró-inflamatórias e queda de imunidade celular. Fatores sociais também são pesquisados, conceitualizando mediadores biológicos para comportamentos de saúde e alterações neuroendócrinas em decorrência de comportamentos nocivos à saúde (por exemplo, fumo) e de emoções como raiva, ansiedade, depressão, como fatores de risco para doença cardiovascular. A resposta corporal ao estresse excessivo é mediada pelo eixo hipotálamo-pituitário-adrenal (HPA), por meio do qual os estímulos estressores modulam a atividade hormonal, e pesquisas em neurociência dedicam-se a medir tais alterações, bem como a atividade neural (amígdala e córtex pré-frontal), buscando entender os sistemas cerebrais envolvidos nos fatores estressantes que prejudicam a saúde física (Renoir, Hasebe & Gray, 2013; Erikson, 2014).

A teoria psicossomática na vertente junguiana aborda a transdução como processo de comunicação fisiopsíquica. A simultaneidade mente-corpo é explicada cientificamente via redes de *feedback* e modulação entre sistema nervoso central, autônomo, endócrino, imunológico, os quais interagem. Processa-se um efeito indutivo de informação que é transportado de modo codificado entre esses distintos sistemas e as emoções, os pensamentos, o estresse, que são processados molecularmente. Assim, uma imagem mental ou emoção ativa reações hormonais, neurobiológicas, imunológicas, e outras (Ramos, 1994; Rossi, 1994; Whitmont, 1996).

Outro fenômeno que pode vir a ser compreendido é a percepção antecipatória, que aparece frequentemente em sonhos, na antecipação de sintomas e de evolução da doença; no entanto, é equivocado atribuir uso literal a esses simbolismos, os quais têm acepções e interpretações múltiplas e variadas (Siegel, 1998; Remen, 1993).

O casal Simonton iniciou o uso de recursos imaginativos no tratamento de câncer nos anos 1970. Estados de consciência induzidos com modificação de ondas cerebrais e de ritmo respiratório, assim como técnicas de imaginação, são cada vez mais empregados para diminuir dores e ajudar na recuperação de distintas doenças. Esses estados são estimulados para efeitos curativos em perturbações emocionais e como coadjuvantes em tratamentos médicos. As técnicas utilizam recursos como explorar fantasias, sonhos, desenhos e outras formas de criatividade (Mindell, 1989; Zeig, 1985).

Pesquisadores têm estudado esse fenômeno e concordam que há efeitos observáveis que necessitam de maior validação; em oncologia, a imaginação dirigida auxilia na melhora de bem-estar, mas nem sempre em sintomas físicos como enjoo e vômito (Roffe, Schmidt & Ernst, 2005). Pesquisas com *mindfulness* em pacientes após tratamento de câncer mostraram redução de estresse psicológico, de depressão, de ansiedade e de medo de recorrência, e mais energia e melhora de qualidade de vida (Lengacher et al., 2009; Lengacher, 2014).

Estudos randomizados demonstraram ainda que essas intervenções podem reduzir dor e reatividade a estresse, bem como aliviar depressão e otimizar tratamento de adições, possivelmente em virtude de alterações funcionais nos circuitos límbico e cortical, que são importantes para regulação de estresse e das emoções (Creswell, 2017).

Uma revisão de estudos sobre efeitos de imaginação dirigida e diminuição de estresse e elevação de sistema imunológico foi realizada por Trakhtenberg (2008) recomendando continuidade de pesquisas. Exercícios de imaginação são utilizados de modo geral junto a técnicas de relaxamento, meditação, *mindfulness*, hipnose e ioga. Duas pesquisas para avaliar a relevância de mecanismos psiconeuroimunológicos em câncer foram efetuadas com 159 homens após cirurgia para câncer de próstata (Cohen, 2011) e com 80 mulheres com câncer de seio sem metástase sob tratamento médico (Eremin et al., 2009) que tiveram sessões de imaginação dirigida e exercícios respiratórios e relaxamento. Ambas mostraram aumento de parâmetro de imunidade, com nível mais alto de citotoxidade e células NK (*natural killers*) e interleukin.

As técnicas de visualização ou imaginação têm distintas proveniências, e muitas delas são embasadas na técnica denominada imaginação ativa, que foi desenvolvida por Jung (1966) para deixar emergir imagens do inconsciente e trazê-las em confronto com o ego, sem inibir o poder criativo delas. Ocorre durante esse processo, assim como nos exercícios de meditação, uma integração fisiopsíquica com sinais provenientes do corpo:

> *A distinção entre mente e corpo é uma dicotomia artificial, um ato de discriminação baseado muito mais na peculiaridade da cognição intelectual do que na natureza das coisas. De fato, é tão íntimo o inter-relacionamento dos traços psíquicos e corporais, que podemos não somente estabelecer inferências sobre a constituição da psique a partir da constituição do corpo, como também podemos inferir características corporais a partir das peculiaridades psíquicas (Jung, 1971, par. 916).*

Retomando o efeito placebo, este tem sido bastante pesquisado, apesar de médicos que reconhecem o fenômeno como promotor de saúde psicológica e espiritual não deixarem de creditar à ciência e à técnica o poder de cura, atribuindo ao placebo um símbolo que evoca potencialidades curativas (Spiro, 1998). Contudo, a resposta placebo tem efeitos verificados em laboratório e em situações clínicas, muitos dos quais agem em vias bioquímicas semelhantes às acionadas por drogas de fato, com resposta neurobiológica cujos efeitos são mediados por liberação de neurotransmissores e neuromoduladores. As reações dependem do contexto no qual o placebo é oferecido e das expectativas, podendo ser verificadas, por exemplo, na diminuição de dor, em mudanças motoras em Parkinson e em mudanças emocionais e respostas cerebrais em adições. Dependem de expectativas que podem mediar e modular o efeito placebo e interagir com desejos e emoções. O contexto psicossocial envolve o paciente e os fatores clínicos, bem como a interação entre ele, o clínico e o ambiente no qual se processa o tratamento, particularmente a relação com o médico. Importante observar que na clínica seus efeitos são por vezes notados mesmo sem oferta de nenhuma substância, ou seja, o contexto terapêutico é rico em potencial para ativar e modular mecanismos do placebo. Uma pesquisa com suposta substância para diminuir dor dental demostrou que as expectativas do médico também influenciam esse efeito em seus pacientes. Conclui-se a importância da relação médico paciente para beneficiar expectativas e efeitos positivos no tratamento (Price, Finniss & Benedetti, 2008; Finniss et al., 2010).

Compreender os conceitos mencionados à luz da medicina induz uma atitude por parte do médico que leve em conta os fenômenos psíquicos junto com os físicos no processo de adoecer e de cura ao tratar de pacientes.

As intuições do paciente

Na acepção metafórica de curador interno antes referida, Dossey (1984) a atrela à intuição quando o paciente diz que sente que algo está mal, manifestando uma sabedoria irracional que irrompe antes de poder ser distinguida como pensamento linear.

Buetow e Mintoft (2011) advogam que se pesquisem mais a fundo as intuições do paciente, as quais não garantem credibilidade ou significado objetivado, mas podem ajudar o clínico a desenvolver um raciocínio e plano de ação conjunta. Essas intuições são tidas muitas vezes como enganadoras, misteriosas e inexplicáveis. Propõe-se, em vez dessa subestimação, se perguntar quando o clínico deveria respeitar as intuições do paciente no processo de decisão. Os pacientes, sem experiência ou conhecimento clínico, produzem esquemas complexos que refletem sua percepção de mudanças em padrões corporais em si e em outros, como quando uma mãe sente que seu bebê não está bem. As intuições do paciente provêm de aprendizado consciente (explícito) e de aprendizado inconsciente (implícito), este último interligado a *feedbacks* do ambiente e de suas sensações corporais e mentais.

O pressuposto neurofisiológico é que crenças sobre a doença, incluindo as intuições, assim como o processo do adoecer, interagem psicofisiologicamente. Conexões neurais transmitem informação sensorial que se transduz em avaliação pré-consciente; e centros perceptuais, por sua vez, geram respostas na expressão corporal veiculadas pelas ligações entre percepção, emoção negativa e inibição parassimpática de circuitos subcorticais. Tais interações influem em estados físicos e psicológicos de saúde e de doença e são de algum modo sentidos e intuídos.

Na interface entre intuições e sensações, uma pesquisa mostrou que queixas subjetivas relativas a funcionamento motor podem indicar uma fase ainda não diagnosticável de Parkinson, e levar em conta esses sinais que antecedem o diagnóstico permitiria a administração de agentes neuroprotetivos antes de constatação de sintomas clínicos da doença (Lau et al., 2006).

A atenção do médico a essas manifestações subjetivas, avaliadas sob o escrutínio de raciocínio clínico, em vez de meramente descartadas ou menosprezadas, poderia constituir instrumento diagnóstico valioso em muitas circunstâncias. O médico age como intérprete e tradutor de sensações na maioria das vezes confusas e estranhas e, no entanto, significativas.

Um exemplo trágico pelo desfecho, que culminou na morte de um jovem acidentado, deu-se após ele relatar sonhos perturbadores no hospital (entre os quais aranhas tecendo teias em seu diafragma) e sensações corporais estranhas não explicadas totalmente pelo seu estado. Ele sofrera um acidente com lesão vertebral grave e se mantinha estável, aparentemente em recuperação. Imbuído de raciocínio objetivado e com necessidade de atender a diversos pacientes diariamente, o médico neurologista desconsiderou a personalidade do rapaz, provido de alta inteligência e intuição aguçada, que acabou falecendo em poucos dias, para surpresa da equipe de saúde hospitalar. O diagnóstico provável – póstumo – foi de choque neurogênico decorrente de traumatismo raquimedular. Os sonhos e as sensações processavam intuições de seu estado e até mesmo premonitórias; não se pode afirmar que o decurso dos acontecimentos teria mudado, mas certamente merecia maior atenção clínica.

Um exemplo promissor ocorreu com uma jovem que sonhou com um camarão apodrecido e duas semanas depois sentiu enjoos e mal-estar. Na consulta clínica lembrou-se do sonho, e junto ao médico achou que a imagem parecia um apêndice inflamado: o diagnóstico de apendicite foi rápido, com cirurgia bem-sucedida.

Em ambos os exemplos, as leituras são múltiplas, e a sua interpretação depende de discernimento clínico.

Referências

Arruda Martins, M. de. (2000). *Integração do aluno na escola médica*. Apresentado no II Congresso Paulista de Educação Médica. Centro de Desenvolvimento de Educação Médica (CEDEM), São Paulo.

Buetow, S. A., & Mintoft, B. (2011). When should patient intuition be taken seriously? *Journal Gen Intern Med., 26*(4), 433-436.

Carter, C. S., & Porges, S. W. (2013). The biochemistry of love: an oxytocin hypothesis. *EMBO Rep., 14*(1), 12-16.

Cohen, L. (2011). Presurgical stress management improves postoperative immune function in men with prostate cancer undergoing radical prostatectomy. *Psychosomatic Medicine, 73*(3), 218-225.

Cozolino, R. (2006). *The neuroscience of human relationships: attachment and the developing social brain.* New York: W.W. Norton & Company.

Creswell, J. D. (2017). Mindfulness interventions. *Annual Review of Psychology, 68*, 491-516.

Da Silva, M. A. D. (1998). *Quem ama não adoece.* São Paulo: Best Seller.

Dossey, L. (1984). *Beyond illness*. Boston: Shambala.

Dossey, L. (1985). *Space, time and medicine*. Boston: Shambala.

Dossey, L. (2003). *Healing beyond the body*. Boston: Shambala.

Eremin, O. et al. (2009). Immuno-modulatory effects of relaxation training and guided imagery in women with locally advanced breast cancer undergoing multimodality therapy: a randomised controlled trial. *Breast, 18*(1), 17-25.

Erikson, K. I. et al. (2014). Health neuroscience: defining a new field. *Curr Dir Psychol Sci., 23*(6), 446-453.

Finniss, D. G. et al. (2010). Placebo effects: biological, clinical and ethical advances. *Lancet, 375*(9715), 686-695.

Finset, A., & Mjaaland, T. A. (2009). The medical consultation viewed as a value chain: a neurobehavioral approach to emotion regulation in doctor-patient interaction. *Patient Education and Counseling*, (74), 323-330.

Friedman, H. S. (2014). *The Oxford handbook of health psychology*. New York: Oxford University Press.

Jung, C. G. (1966). *The practice of psychotherapy. CW 16*. Princeton: Princeton University Press.

Jung, C. G. (1971). *Psychological types. CW 6*. Princeton: Princeton University Press.

Kafetsios, K. et al. (2016). Doctors' attachment orientations, emotion regulation strategies, and patient satisfaction: a multilevel analysis. *Health Communication, 31*(6), 2016. Recuperado de: https://www.tandfonline.com/doi/full/10.1080/10410236.2014.993497?needAccess=true

Lau, L. M. L. et al. (2006). Subjective complaints precede Parkinson Disease. The Rotterdam Study. *Arch Neurol., 63*(3), 362-365.

Lengacher, C. A. et al. (2009). Randomized controlled trial of mindfulness-based stress reduction (MBSR) for survivors of breast cancer. *Psychooncology, 18*(2), 1261-1272.

Lengacher, C. A. (2014). Mindfulness based stress reduction (MBSR(BC)) in breast cancer: evaluating fear of recurrence (FOR) as a mediator of psychological and physical symptoms in a randomized control trial (RCT). *J Behav Med., 37*(2), 185-195.

Lown, B. (1997). *A arte perdida de curar*. São Paulo: JSN.

Mindell, A. (1989). *Coma: key to awakening*. Boston: Shambala.

Ornish, D. (1998). *Amor e sobrevivência*. Rio de Janeiro: Rocco.

Ornish, D., & Ornish, A. (2019). *Undo it!: how simple lifestyle changes can reverse most chronic diseases*. New York: Ballantine Books.

Pert, C. (1993). The chemical comunicators. In B. Moyers, *Healing the mind* (pp. 177-194). New York: Doubleday.

Pert, C., & Marriott, N. (2013). *Everything you need to know to feel good*. Carlsbad: Hay House.

Prandi, R. (2001). *Mitologia dos Orixás*. São Paulo: Companhia das Letras.

Price, D. D., Finniss, D. G., & Benedetti, F. (2008). A comprehensive review of the placebo effect: recent advances and current thought. *Annu Rev Psychol.*, (59), 565-590.

Ramos, D. G. (1994). *A psique do corpo*. São Paulo: Summus.

Remen, R. N. (1993). *O paciente como ser humano*. São Paulo: Summus.

Remen, R. N. (1998). *Histórias que curam*. São Paulo: Ágora.

Renoir, T., Hasebe, K., & Gray, L. (2013). Mind and body: how the health of the body impacts on neuropsychiatry. *Front Pharmacol.*, (4), 158.

Roffe, L., Schmidt, K., & Ernst, E. (2005). A systematic review of guided imagery as an adjuvant cancer therapy. *Psycho-Oncology*, (14), 607-617.

Rossi, E. (1994). *A psicobiologia da cura mente-corpo*. São Paulo: Psy II.

Sacks, O. (1999). *Um antropólogo em Marte*. São Paulo: Companhia das Letras.

Schore, A. (2002) Dysregulation of the right brain: a fundamental mechanism of traumatic attachment and the psychopathogenesis of posttraumatic stress disorder. *Australian and New Zealand Journal of Psychiatry*, (36), 9-30.

Schore, A. (2012). *The science of the art of psychotherapy*. New York: W. W. Norton & Company.

Scott, J. G. et al. (2017). Healing journey: a qualitative analysis of the healing experiences of Americans suffering from trauma and illness. *BMJ Open, 7*(8).

Siegel, B. (1989). *Amor, medicina e milagres*. São Paulo: Best Seller. (Trabalho originalmente publicado em 1986)

Siegel, B. (1998). *Peace, love and healing*. New York: Harper Perennial.

Spiro, H. (1998). *The power of hope*. New Haven: Yale University Press.

Trakhtenberg, E. C. (2008). The effects of guided imagery on the immune system: a critical review. *International Journal of Neuroscience, 118*(6), 839-855.

Whitmont, E. (1996). *The alchemy of healing: psyche and soma*. Berkeley: North Atlantic Books.

Wisneski, L. A., & Anderson, L. (2009). *The scientific basis of integrative medicine*. London: CRC Press Taylor & Francis.

Zeig, J. (1985). *Vivenciando Erickson*. São Paulo: Editorial Psy.

Empatia, poder e amor

Os temas percorridos prenunciam a relevância do enquadre na relação médico-paciente, de um lado, profissional, de outro, pessoal e envolvente. Uma relação assimétrica que delimita a autoridade de quem detém o poder – a potência do ato requerido –, mas simétrica em termos de vinculação afetiva e preservação de individualidades. Debate-se na prática se a neutralidade deve imperar, se a empatia interfere positivamente ou negativamente, se cabe o sentimento, como se utiliza o poder: com autoridade ou compartilhamento de decisão. Termos em voga nos Estados Unidos para serviços de saúde são "provedor" e "consumidor". Há de se observar ainda a regulamentação do atendimento à distância e plataformas digitais – telemedicina –, que tem sido revista no Brasil pelo Conselho Federal de Medicina desde 2002, com implicações técnicas que incorporam nuances dos papéis na interação a serem constantemente avaliadas.

A empatia

Uma consulta clínica ilustra o que se entende espontaneamente por empatia e propõe um debate inicial: qual a função da empatia no exercício da medicina? Um médico clínico atendia um menino de 10 anos cuja queixa era dor abdominal recorrente sem anomalia em exames, a não ser na apalpação. Diagnosticou adenite mesentérica inespecífica e receitou dieta alimentar e líquidos. Ao final da consulta o garoto, após uma pergunta corriqueira de atividades, começou a chorar enquanto o médico fazia anotações e falou que tinha muita saudade do cachorro que morrera. Mudanças tinham ocorrido na vida familiar, com a separação do casal e perdas significativas, mas o médico pareceu não notar a forte emoção, ainda que mantivesse atitude afetuosa e amigável. Trata-se de um profissional de excelência, com curiosidade clínica e intuição notável, que não pode ser conotado como desatento; a pergunta que se faz é, sem diminuir sua capacidade e competência, se maior ressonância emocional ajudaria a compreender o estado fisiológico acompanhado de estado psíquico de desconforto e de tristeza. Pode-se responder que é quase impossível manter esse grau de empatia desejável de modo contínuo.

Com frequência a formalidade e o distanciamento são considerados fatores de proteção na relação para garantir a equanimidade. No entanto, é difícil diferenciar quando são apropriados e quando interferem na manutenção de vínculos promotores de adesão e de partilha em decisões cabíveis. O afastamento e a frieza se mostram, no hospital, por meio de atitudes como chamar o paciente por um código, não estar presente quando vai morrer, nas visitas médicas em grupo referir-se a ele em terceira pessoa; em consultórios, evitar contato visual, desconsiderar atrasos na consulta, manter expressão corporal rígida, entre outras atitudes de reserva. A atitude do médico modula-se no treinamento na faculdade, onde os estudantes são alertados para manter distância do paciente e não são ajudados a lidar com seus próprios temores e incertezas. Na residência, o isolamento, as longas horas de plantão, a depressão ocasionam falta de empatia com o vencido, com o humilde, com o que morre; importa identificar-se com o vencedor, aprende-se a mascarar sentimentos, ou pior, a negá-los e substitui-los pelo orgulho; aprende-se o afastamento e a equanimidade junto com a ciência, pratica-se a imperturbabilidade; a introspecção e o amor não são aceitos (Siegel, 1986/1989; Spiro, 1993; Shapiro, 2012).

A dificuldade, segundo Spiro (1993), é que, para o médico, se envolver com sentimentos significaria morrer aos pedaços com cada paciente e, no extremo oposto, incorre-se no narcisimo reforçado pelo treino que impede o encontro de caráter mais pessoal, respeitando o enquadre. Fator não menos importante é a fidelidade ao grupo: impedidos de agir diferentemente da norma, todos devem tratar o paciente como se entende que seja devido, ainda que reprimam algum sentimento de cuidado afetuoso. A atitude de reserva se manteria com a vinculação em sociedades médicas que exigem coesão e solidariedade e uma apresentação social com distinção entre os iniciados nos segredos e os profanos (Konner, 1988; Hoirisch, 1992).

A este respeito, um fato observado com uma estudante de 3º ano é elucidativo: na visita médica um senhor era examinado por um grupo de estudantes junto ao professor; de camisa aberta, seu peito exposto era observado e apalpado sem dirigir a palavra a ele; antes de se retirar, a estudante fechou a camisa do paciente com delicadeza, o que não lhe impediu de dar continuidade às visitas e ouvir os ensinamentos. Outro exemplo: um grupo de residentes ria e falava jocosamente e com certa animosidade de um paciente idoso comatoso; após o ritual de exame de peito e alguns gritos no ouvido do homem, viraram-se para sair quando viram um cartão na parede pintado por uma criança com os dizeres: "Melhore logo, vovô". Ficaram em silêncio ao sair do quarto; teria havido um sentimento de empatia, se não pelo paciente, pela criança (Duffy, 2000). Em ambos os exemplos a mudança se deu quando o paciente adquiriu pessoalidade, saiu do anonimato; talvez possa se dizer que uma característica da empatia é a de personalizar o outro.

Importa levar em conta o afastamento para não sofrer em uma profissão que se confronta diariamente com dor e pungentes perdas, entretanto, a maioria dos médicos citados concordaria com Siegel (1986/1989): "a frieza não livra ninguém do sofrimento, ela apenas enterra a dor num nível mais profundo" (p. 25).

O oposto do distanciamento seria a empatia, noção de delimitações imprecisas a respeito da qual há discordâncias.

Na literatura médica há distintas acepções sobre a adequação da empatia: ora a empatia interfere com a equanimidade e deve ser evitada, posto que a subjetividade não pode coexistir com a objetividade necessária e a empatia confundiria o médico; ou seria algo agradável, mas não essencial à prática clínica; ou, ainda, contribuiria com o melhor desempenho da atuação clínica. Apesar dessa divergência até certo ponto irresolúvel sobre a validade ou não de se responder à subjetividade do outro, é possível encontrar pontos de convergência. O primeiro se refere ao risco de perder a objetividade, com o qual todos concordam.

Nas ressalvas à empatia as postulações variam: em vez de empatia, que leva a se preocupar com a experiência subjetiva, desejos e valores, que não é um atributo essencial e tende a ser superestimado, o médico deveria tratar os pacientes com cortesia e, se introduzir a empatia, seria de modo apropriado à profissão, como empatia cognitiva, "um interesse desvinculado/desapegado" que permite reconhecer necessidades sem se envolver com elas como na empatia afetiva (Smajdor, Stöckl & Salter, 2011; Thompson, 2018). Em revisão do livro de Paul Bloom, *Contra a empatia: o caso de compaixão racional*, Thompson (2018) se pergunta se de fato a empatia não seria nociva, principalmente na profissão médica, por ser fonte de discriminação e de rejeição ao empatizar somente com aqueles com quem nos identificamos. Em lugar de empatia, que é seletiva e leva a decisões equivocadas, a compaixão racional e a gentileza seriam um guia mais conveniente. Partindo desse argumento, o autor cogita se o decréscimo de empatia em estudantes de medicina quando avançam no curso poderia ser sinal de amadurecimento em vez de mero endurecimento.

Um exemplo trazido por Ofri (2014) - de modo geral favorável ao exercício da empatia na clínica –, que foi considerado por ela um erro de atribuição, pode endossar esse argumento. Na consulta uma paciente de 55 anos com muitas queixas, com exame físico normal e eletrocardiograma normal, demonstrou ansiedade e depressão e relatou problemas pessoais e dor no peito quando visitava a mãe hospitalizada; foi diagnosticada como sofrendo de estresse. No dia seguinte a paciente foi hospitalizada com embolia pulmonar. Ofri comenta, nesse caso, que cometera um erro ao vincular a queixa de respiração curta e dor no peito somente à ansiedade. Cabe a pergunta se um médico menos empático e menos disposto a ouvir a história de problemas pessoais teria cometido o mesmo erro.

Poderia concluir-se que manobras defensivas habituais para conseguir exercer uma atividade penosa constituem uma proteção necessária; contudo, torna-se danosa quando ativada automaticamente sem pertinência ao contexto (Morse, 1988; Konner, 1988). Alguns educadores médicos, procurando um ponto de equilíbrio, atribuem à empatia dois componentes: um emocional e outro cognitivo. O elemento cognitivo permitiria uma cognição desapegada – compreensão intelectual – sem invalidar a ressonância empática. Na prática é difícil distinguir ambas as formas.

Argumentos contrários à empatia não convencem os médicos que a validam, pautando o questionamento de como exercê-la adequadamente em vez de bani-la. A distinção entre empatia cognitiva e afetiva é por eles considerada artificial e até mesmo nociva, pois, diante do risco de envolvimento emocional, adotam-se códigos de conduta mensuráveis e aplicáveis sem clara distinção (Jeffrey, 2016; Shapiro, 2012). Os argumentos favoráveis à empatia, entre outros, são: trazer satisfação com o trabalho, incluindo situações extremas, e proteger do trauma vicariante; auxiliar a ter um quadro clínico mais claro e completo; promover a compaixão empática e a ressonância inerentes ao cuidado médico com solidariedade compassiva. Difere, entretanto, de simpatia e protege de uma simpatia ingênua; provê informação que passa despercebida; é uma competência que estimula criatividade e imaginação; aumenta confiança do paciente e sua resposta positiva ao tratamento, auxiliando, por exemplo, a diminuir diabete e hipertensão (Shapiro, 2012; Kearney et al., 2009; Halpern, 2003; Duffy, 1993; Ofri, 2014).

A discussão no campo da medicina procura diferenciar o efeito nocivo da empatia que ocorreria se o médico se deixasse contaminar pelas emoções do paciente envolvendo-se sem controle, o que tornaria impossível exercer a profissão, por sofrer com cada atendimento. Outro desvio seria o de se dispor a compreender os sentimentos do paciente, mas, em vez de fazê-lo, projetar os próprios, portanto se afastando da compreensão daquele (Shapiro, 2013).

Os autores favoráveis à empatia no exercício da medicina propõem a noção de empatia em contexto, uma forma de empatia clínica. A noção de empatia clínica pode ser útil para denotar que não se procura a introspecção no médico, mas uma sintonização com o paciente no contexto de compreensão clínica. A ressonância empática é acompanhada do exercício de raciocínio objetivo, e auxilia o médico a reagir de modo mais adequado especialmente perante pacientes que lhe despertam emoções desagradáveis (Halpern, 2003).

A empatia se cultiva mediante o sentimento e a compaixão, entendendo que a dicotomia inexiste na medicina, já que o médico necessita de ciência e emoção, razão e intuição, tecnologia e narrativa, equanimidade e empatia (Arruda Martins, 2000; Glick, 1993; Oliveira Jr., 1999; Rocha, 1998).

Lacombe (1993) escreveu um capítulo em tom satírico, simulando uma carta do demônio a um diabo que tem como tarefa instruir os médicos de modo a infernizá-los. Entre outros conselhos endiabrados, adverte que o grande perigo é permitir que os médicos sintam empatia, devendo-se incentivar apenas emoções como ambição, agressividade e necessidade de aprovação: "Torne cada apresentação de caso concisa, enfatizando os fatos, a ciência, e deixe de fora o material suave, a história social e familiar, e a análise repugnante da reação do paciente a sua própria doença" (p. 65).

Esses autores em prol da empatia na relação concordam que o médico deve manter o senso de diferenciação de si e que haverá situações e/ou procedimentos em que o distanciamento será necessário. Uma excelente descrição do que seja empatia é remetê-la à curiosidade para compreender as vicissitudes do paciente, seus sentimentos e angústias, e não se limitar à captação de histórias padronizadas, ou seja, trata-se de uma curiosidade clínica (Halpern, 2003; Bryan, 2017; Ofri, 2014; Shapiro, 2012).

Em suma, se a empatia não é indispensável para a prática médica eficiente, ela faz parte das habilidades do médico. Promove uma atitude que evita a neutralidade, individualizando o paciente e tirando-o do anonimato, mas também incorre em risco de transbordamento emocional. Nas palavras de Shapiro (2012): é um processo interativo de "ressonância emocional e curiosidade compassiva a respeito do significado de uma situação clínica para o paciente" (p. 283).

Uma apreciação sobre a empatia que se adequaria à ação médica é dada pelo Dalai Lama (2000), que ensina o significado do termo *nying je*, uma combinação de empatia e razão. Representa o sentimento de ligação com os outros pela empatia e pela compaixão, que reúne emoções com um elemento cognitivo mais desenvolvido.

Essas opiniões promovem um debate que não tem resposta segura sobre a necessidade, risco ou inevitabilidade de emoções e sentimentos como a empatia. De todo modo, o questionamento não pode ser evitado na tomada de consciência da relação médico-paciente, e faz parte de lei que regula o currículo médico valorizar a empatia: "comunicação, por meio de linguagem verbal e não verbal, com usuários, familiares, comunidades e membros das equipes profissionais, com empatia, sensibilidade e interesse, preservando a confidencialidade, a compreensão, a autonomia e a segurança da pessoa sob cuidado" (Brasil, 2014).

Um tema mais polêmico do que a empatia na relação médico-paciente envolve o grau de permissividade do vínculo relacional. Se, de um lado, um excesso de intimidade é intrusivo e prejudicial à finalidade médica, o distanciamento exagerado provoca mal-estar e efeitos secundários indesejáveis. O termo amor parece deslocado em um relacionamento entendido como cordial e provido de compaixão (desde que preserve a autoridade e o papel profissional). O risco de um envolvimento amoroso seria o de provocar indiscriminação e a destituição do poder, sem o qual o médico não poderia exercer sua função. Parafraseando William Osler (1905), para quem uma dose de insensibilidade seria permitida para não perturbar a equanimidade desde que não se endurecesse o coração, podemos dizer que uma dose de sensibilidade seria permitida desde que não se debilitasse a razão.

O poder e o amor

> *O curar, como o educar, não é possível senão àquele que vive no face-a-face, sem contudo deixar-se absorver.*
>
> Martin Buber (1977, p. 152)

A frase de Buber é oportuna para abrir o tema proposto nas filigranas de um vínculo que delega necessariamente o poder a quem tem o conhecimento e a habilidade, esperando dele respeito mútuo e consideração, quando não uma dose de afeto. Viver no face a face tem magnitude filosófica e, ainda assim, se pragmatiza em cada atendimento; nessa relação o poder é inerente, mas é questionável se há de se permitir o amor. Contudo, deixar-se absorver, ser invadido, seja pelo poder, seja pelo amor, retira a capacidade de operacionalizar a cura e o tratamento e deturpa a relação.

O poder

Em medicina o poder é tradicionalmente entendido como paternalismo – para Hipócrates, um ato de dedicação com respeito ao paciente, que recebe os cuidados como se provindos de um pai que zela por sua saúde. Atualmente discute-se o alcance desse tipo de poder, já que o paciente deve ter autonomia para tomar decisões junto a sua equipe de saúde. Se o poder e a autoridade permanecem vigentes, o foco seria identificar de que tipo e com qual alcance, dado que variam em intensidade, como uma escala, desde o poder de ser (do latim *posse*, ser capaz) até a violência. No imaginário popular, Hoirisch (1976) aponta que tradicionalmente o médico tem papel de destaque desde as sociedades primitivas; a ele se atribuía poder mágico, divino, maternal ou paternal. Sua identificação a um herói, demiurgo, transitando entre Deus e os homens, lhe conferia grande poder; essa aura perdura até os dias atuais. Em luta contra a morte, o médico perde poder perante ela quando vencido. O médico, portanto, se defende da fragilidade para não diminuir seu poder de cura. Do mesmo modo, não aceita a fraqueza e a doença nele, depositando-a por inteiro no paciente. Psicologicamente há uma cisão de aspectos da personalidade, em que o paciente representaria aquilo que é negado e temido, permanecendo inconscientemente unido ao médico como sua contraparte a ser dominada. O mais danoso nessa configuração, segundo Guggenbüll-Craig (1976), é que o médico perde um de seus maiores poderes: o de constelar o potencial de cura no paciente.

Sobre modos de exercer o poder na prática médica na relação com o paciente, haveria três vertentes, de fato, cada uma aplicável em situações particulares: o modelo paternalista de relação ativo-passiva, que hoje em dia se considera mais apropriado em situações de emergência; o modelo de condução com cooperação, em que o médico decide e recomenda no interesse do paciente com anuência deste último; o modelo de mútua participação, com envolvimento essencial da parte do paciente. Houve uma transformação histórica do paternalismo para maior atenção à individualidade, com informação compartilhada, comunicação centrada no paciente e participação deste último na decisão. Entretanto, a maioria dos médicos tende a uma relação do tipo paternalista e vê a amizade com cautela (Keckley, 2017).

Dois estudos mencionados a seguir exemplificam as vertentes de poder no âmbito da medicina, o primeiro nas relações profissionais durante a formação, o segundo sobre percepção de poder na relação com pacientes por parte do médico.

Um apontamento significativo sobre hierarquia de poder na educação médica nos moldes patriarcais foi realizado na pesquisa de Crowe, Clark & Brugha (2017). Desde a faculdade os estudantes temem mostrar incompetência e ser humilhados por professores; ansiedade, desprezo, medo, tornam-se fonte de manobra e de sustentação dessa estrutura de poder. Em estudo com residentes, foram narrados o desrespeito de médicos superiores na hierarquia de poder e a aceitação dos residentes, por medo de serem julgados incompetentes pelos professores e médicos mais velhos e serem relegados, temendo perder oportunidades de progressão na carreira e de recomendações. Aprendem a não desafiar a autoridade para não despertar raiva dos superiores e aceitam intimidação; a demonstração de competência se assevera a única maneira de desviar humilhações. Essa aceitação calada chega a provocar estresse, desilusão e alienação nos residentes.

O estudo parece demonstrar o poder referido como patriarcal enrijecido. Vejamos outro estudo que denota a faceta construtiva do poder, entendido como potencial para exercer influência e ação mediante estratégias. Foi realizada uma pesquisa com médicos de distintas especialidades para investigar suas percepções sobre relações de poder com os pacientes na prática clínica (Nimmon & Stenfors-Hayes, 2016). Os resultados permitiram inferir três modos de entender o poder. Um grupo assume que este existe e deve ser reconhecido e respeitado pelos médicos e, dado que o paciente confia na autoridade deles, devem manter essa posição com responsabilidade e integridade e manejar o poder de modo a garantir relações éticas e profissionais e não abusar da posição que este lhes confere. É importante apontar que nessas estratégias são incluídos modos de poder compartilhado mediante comunicação e escuta, bem como aceitação de alternativas do paciente para procura de outras modalidades de tratamento, até o extremo de abdicação de poder. No segundo grupo havia percepção de poder do médico minguando, e expressão de sentido de diminuição de poder no contexto de mudança na cultura do atendimento em saúde que encoraja direitos de pacientes como consumidores informados. A relação médico-paciente foi descrita como conflitiva, com demandas não razoáveis de pacientes e por vezes agressividade deles. Este grupo não demostrou elaboração de mecanismos estratégicos para manejo de poder. O terceiro grupo tendia a perceber o poder como não existente ou irrelevante na relação, ou configurando um poder balanceado, quase como uma relação de coleguismo ou amizade. Tampouco denotaram estratégias, posto que a problemática inexistisse.

As autoras assinalam que o primeiro grupo parece ter consciência do poder legítimo institucionalizado e concluem que, apesar de o poder não pertencer exclusivamente ao médico e a partilha de poder ser uma meta no sistema moderno de saúde, a consciência do poder legitimizado permite exercê-lo e moderá-lo, ou até mesmo dispensá-lo, adaptando-o às necessidades e contextos dos encontros clínicos.

Um ponto que merece destaque é que, usualmente, o poder é contraposto ao amor e, quando um domina, o outro não tem lugar. Seria um fenômeno psicológico-social, mas alguns pensadores integram ambas as atitudes, fundamentais no ser humano.

May (1998) classifica cinco tipos de poder: o explorador, isto é, fazer uso do outro pela força; o manipulador, o poder *sobre* o outro; o competitivo, o poder *contra* o outro, com variantes positivas ou negativas; o nutriente, o poder *para* o outro, oferecendo cuidados; o integrativo, o poder *com* o outro, dialético. A problemática consiste em como aplicá-los adequadamente em situações distintas.

Utilizando esse referencial para o médico, ocorreria, por exemplo, num ato cirúrgico, o poder manipulativo durante a cirurgia, o nutriente durante a hospitalização, e o integrativo na fase de orientação pós-hospitalar.

Se, em geral, o poder não se associa ao amor, nos tipos nutriente e integrativo o poder é paralelo ao amor. E mais, o desenvolvimento de um sentido de poder seria requisito da compaixão e da comunicação, já que é necessário ter segurança interior e assertividade para interagir abertamente com outra pessoa. O autor afirma que uma das razões de o amor e o poder serem considerados excludentes é o fato de o amor ser visto somente como emoção e o poder como compulsão, não sendo percebidos como atos e sentimentos humanos em alternância dialética e alimentando-se mutuamente. Principalmente na relação médico-paciente, a compaixão requer conhecimento do outro e inclui vinculação entre poder e amor.

O amor

Em premissas sobre o amor, Orage (1977) o expressa de três modos: instintivo-biológico, emocional e consciente; este último, difícil de ser atingido, inclui a capacidade de antecipar os desejos do amado quando ele ainda não tem plena consciência deles: parece aplicável ao que se entenderia por amor do médico. Acrescenta o autor que o amor precisa se associar ao poder e ao conhecimento, pois sem esses dois atributos seria perigoso, ocasionando até resultados desastrosos.

Explorando um pouco mais o que se entende por amor associado ao conhecimento, verifica-se que este cabe no contexto da relação médico-paciente. Nas palavras de Gregório Marañón, a sabedoria não é somente saber as coisas, mas também amá-las (Blasco, 2014).

O entrelaçamento entre conhecimento e amor é encontrado na etimologia e em mitos. O coração representa um centro vital e essencial, derivando etimologicamente comportamentos sociais como "cordialidade", "misericórdia", "decorar" (lembrar com o coração). Esse simbolismo está presente em distintas culturas. Na religião judaica, utiliza-se para a reza um objeto sagrado, o *tefelim*, simbolizando a permanência de Deus na mente, no coração e nas ações humanas; ou seja, o ato humano vinculado ao sagrado deveria unir coração e cabeça. Uma lenda indígena brasileira simboliza essa união vinculada à cura (Wahba, 2000); e o poder de cura, aliado ao amor fraterno, foi simbolizado pelo mito cristão na imagem de Cristo curador e a imposição de mãos.

Para os egípcios, o coração é centro da vida e sede da inteligência, da vontade e da consciência moral; rege a atividade criativa e o encontro com o divino. No hinduísmo, representa a consciência pura, a divindade, a origem e o destino; regula a consciência dos sentimentos, o ritmo da natureza em sincronia; é o quarto *chakra*. No Antigo Testamento, é o lugar da mente e da vida intelectual superior, sede dos sentimentos e centro da vida moral e religiosa. No Novo Testamento, representa pureza e nobreza, capacidade amorosa, comunitária, conhecimento direto e emocional e também entendimento objetivo. O conhecimento que flui do coração da Grande Mãe é aquele que se realiza por meio do amor (Ramos, 1990).

Entendimento objetivo associado ao coração parece ser discordante, mas deve-se considerar a diferenciação da capacidade amorosa entendida nessas mensagens, que psicologicamente se refere ao sentimento, distinto de emoção. Jung (1973) descreve um estado de sentimento acoplado ao observar objetivamente. Noção complementar é trazida por Hillman (1981), com uma inteligência da imaginação, ou inteligência do coração, a qual consiste num saber e amar simultâneos, por meio da imaginação. O coração estufado, *farctus*: cheio, seria consequência de ter contido a imaginação. O autor se refere ao deserto da modernidade, no qual o coração não reage ao que vê e se perde a sutileza da consciência ligada ao sentido do ser. Utiliza um simbolismo significativo: o rugido do leão para despertar os filhotes para a vida, explicando que, do mesmo modo, o coração precisa ser provocado, acordado, para que surja o pensamento do coração, com dignidade, proporção, beleza interior. Compara, finalmente, a doença cardíaca contemporânea ao sentimentalismo do personalismo, à brutalidade da eficiência, ao engrandecimento do poder, às efusividades religiosas exageradas.

Se essas imagens poéticas resultam incongruentes numa CTI em noite de emergências, já não parecem tão bizarras no atendimento clínico do dia a dia. Nas palavras de William Osler: a alegria do trabalho unida em cada um ao verdadeiro amor por seu irmão (Bryan, 1999).

O sentimento: uma função da consciência

Alguns conceitos se sobrepõem, por exemplo, afeto e emoção, ou sentimento e amor. Em linhas gerais, a emoção é uma resposta do organismo a um estímulo externo ou interno que predispõe à ação; por exemplo, as emoções de raiva e medo atuam no sistema nervoso vegetativo, ativando o sistema de autopreservação de ataque-fuga; as emoções sempre têm inervação fisiológica. Os afetos – como sinônimo de emoção – são respostas emotivas mais primitivas, instintivas, uma expressão fisiológica quase total; o amor distingue-se do primitivismo do afeto, mantendo grau de maior ou menor emoção, e o sentimento é uma função da consciência com emoção mais regulada. Em linguagem corriqueira afeto costuma ser sinônimo de amorosidade (Jung, 1971; Hillman, 1971).

As funções da consciência têm finalidade adaptativa e constituem modos usuais de responder, de operar conscientemente: pensamento, sentimento, sensação, intuição. O sentimento seria uma função racional, já que discrimina e julga os valores. No estado mais primário é o sim/não, o gostar/não gostar, o aceitar/rejeitar; mas também avalia em termos de complexidades, criando uma hierarquia de valores que, em parte, são prescritos em conformidade às instituições sociais e servem para sustentá-las.

Essa função lida com argumentos racionais, ou seja, coerentes e sistemáticos, ainda que distintos da lógica do pensamento. Jung trouxe uma contribuição cultural importante ao reintroduzir a função do sentimento no meio científico da sociedade ocidental.

A modulação do amor por meio do sentimento regula o manejo mais emocional, que pode ser expresso de forma incongruente ou em descompasso com a circunstância. Contribui com o sentido de tato e uma percepção de processos: o *timing*, os modos, o estilo pessoal, os pequenos gestos adequados a situações do cotidiano. Segundo Hillman (1971), uma cultura eminentemente patriarcal como a ocidental, extrovertida com orientação masculina, tende a reprimir o sentimento, ocasionando consequências negativas como repressão ou explosão de raiva, de agressão e de cobiça, respostas inadequadas de humor, alternância entre desvalia depressiva e ilusões de grandeza, atitudes drásticas, oscilando entre amar e afastar, dureza, necessidade de gratificação imediata, desejo maciço de reconhecimento, controle exagerado, distorção da sexualidade – excessiva ou anulada junto ao sentimento –, autoeroticismo que impele a admirar demasiadamente as próprias realizações ou potencialidades.

Essas ponderações levam a refletir que grande parte da preocupação corrente de que a sexualidade e outras emoções contaminem o relacionamento profissional decorreria da inferioridade da função sentimento, o que também se aplica a outras demonstrações de afeto nessa relação.

Demonstração de afeto

Um aspecto mais polêmico do que a própria empatia é a demonstração de afeto por parte do médico. De acordo com o dr. Claudio Luiz Viegas (2017), para tratar uma pessoa tem de haver sentimento. As perguntas que seguem são: seria permitido demonstrá-lo? E, se for, como fazê-lo?

Muitos médicos assinalam a necessidade de demonstração de afeto, de acolhida e de oferecer conforto; abraçam seus pacientes quando pertinente, particularmente as crianças, e creditam ao contato físico e ao carinho um fator importante, pois a doença ameaça o sentido de conexão humana e esta contribui para a recuperação. Eles diferenciam esses comportamentos de mera piedade e testemunham que não altera o discernimento (Adams & Mylander, 1998; Da Silva, 1998; Siegel, 1998; Barnard, 1987; Ofri, 2014).

Alguns deles apontam o amor e seu efeito curativo, e não temem usar o vocábulo ao referir-se a seu relacionamento com pacientes. Whitaker (2016) afirma que amar o paciente com empatia e compaixão é tão importante para o médico como amar-se a si mesmo. Baseando-se em pesquisas e pressupostos de conceitos genéticos sobre a evolução da espécie humana, mostram como a necessidade de conexão é registrada pelo organismo e suas redes neuronais e humorais, e é propiciadora à saúde. Associam também as descobertas da neurociência e neuropsicoimunologia a estudos sobre estresse, sobre o apego e estados afetivos (Dossey, 1984; Siegel, 1986/1989; Ornish, 1998; Buchheim, 2017; Cozolino, 2006; Schore, 2002, 2012).

Siegel (1986/1989) entende que não há separação entre afetividade e raciocínio clínico: "O interesse neutro que nos ensinam é um absurdo. Convém, isso sim, que se ensine um interesse racional, que permita a expressão dos sentimentos sem prejudicar a capacidade de tomar decisões" (p. 25).

A discussão proposta é sintetizada de modo admirável por Bryan (1999), que realça que cada um tem seu estilo de cuidar, seja exclusivamente pela tecnologia ou acompanhando o drama de vida dos pacientes; os modos são válidos, desde que se mantenha ativa a curiosidade, a compaixão, o senso de deslumbramento e de admiração.

Afinal, amar é proibido?

A palavra amor assusta; aceitam-se os termos gentileza, cuidado, compaixão, que são pertinentes à atividade médica; aceita-se na medicina uma relação pessoal de atenção individualizada; o sentimento de empatia tem seus defensores no campo da medicina, desde que não ocasione interferência no discernimento. Poucos médicos escrevem sobre o afeto na relação médico-paciente, e endossa-se mais o amor à profissão do que ao paciente, pois este parece indevido, impróprio e até abusivo. E talvez deva assustar mesmo, porque o amor vinculado à paixão confunde o raciocínio, faz perder a cabeça. Há, entretanto, tantas formas de amor, maternal, do amante, do filho, fraterno, ágape, incluindo a empatia, por que não o amor do médico?

O receio de se envolver emocionalmente e de perder a equanimidade permeia o distanciamento emocional e do afeto ao paciente. Assim como as emoções que contaminam e confundem – usando o raciocínio da assepsia –, o amor emocional arrisca impedir a objetividade indispensável para operacionalizar o ato médico. O receio de amar equivale ao receio de ser inundado por emoções incontidas; entretanto, estas podem ser reconhecidas em vez de explodirem ou implodirem em raiva, medo, obsessão, impotência, atração sexual, prepotência, nojo, e tantas outras. O corolário decorrente de tal hipótese seria que a capacidade treinada de observar as emoções – dentro do contexto cabível – desatrela o amor emocional e impulsivo para ativar o sentimento, o qual é uma função da consciência, como o pensamento, a sensação, a intuição. Amar se transforma em reconhecimento da plenitude e da unicidade do outro, um ato de dedicação e de bem-querer visando ao bem-estar; como a alegria de contribuir para o bem-estar da pessoa amada, se compreenderia a alegria de disponibilizar recursos para o bem-estar do paciente amado.

O médico, quando não está na defensiva, pode amar; despossuidamente, como o amor deveria ser. Sem deixar de ser um profissional que exerce um trabalho, ama, se comove, partilha de sucessos e sofre com fracassos e com a dor. Certo é que amor e sofrimento andam juntos e a defesa é necessária em situações extremas, ou quando há demandas excessivas e ilusórias por parte do paciente, ou quando se age no limite do suportável. A pergunta crucial é se o médico pode amar e ainda assim se proteger da imersão no abismo avassalador do sofrimento humano e da iminência da morte.

Visto que o ato de amor é duplo, dirigido ao outro e dirigido a si, na relação médico-paciente o cuidado consigo mesmo faz parte desse amor. Não se trata de entrega, nem de caridade, nem de ser benevolente, muito menos de amor indiscriminado e intempestivo. Trata-se de amor pelo cuidado, pela preciosidade da vida que se organiza, acompanhada da intranquilidade quando se desorganiza, em um campo de forças trazido pela relação única, com suas peculiaridades, ainda que se trate de patologias reconhecidas com prognóstico semelhante. O adoecer atinge o paciente de modo particular, e o médico que o acompanha será sempre uma pessoa particular.

A maioria dos médicos rejeita a aceitação de que se ame e se retrai no distanciamento formal, outros entendem o amor como autogratificação. Amam, de fato, ser e sentir-se amados, enchem o paciente de carinhos à medida que se veem gratificados e, como amantes que se separam quando acaba a paixão, odeiam o paciente, seja porque deixou de gratificá-los, seja porque nunca o fez.

Assim como não se admite o amor, não se admite o ódio, em nome da neutralidade científica que garante a eficiência. Será o amor de fato perigoso ao ato médico? E mais, será um risco para o médico que perde as defesas tão necessárias? Estas se justificam: se o bombeiro não entra no incêndio sem equipamento de proteção, não se deveria exigir do médico que metaforicamente o faça.

Posto que a resposta não é imediata e simplista, um percurso pode auxiliar a elucidá-la. O amor referido será sempre uma entrega condicionada; a doação missionária não se aplica, muito menos a impulsividade amorosa romântica; cabe a proteção contra a indiferenciação. Na relação há o médico e o paciente, duas pessoas cujo objetivo comum é desvendar e resolver um impasse crucial, um desvio de saúde; um deles sofre acometido pela doença, o outro é o guia para sanar ou aliviar esse sofrimento. Muitas vezes a incapacidade do paciente de se amar, esgotado e exaurido, debilitado ao extremo, somente pode ser revertida pelo amor do médico, que lhe inculca aspiração de se cuidar.

Trata-se de amor mediante o sentimento, entendendo por sentimento uma função valorativa da consciência. Perante os riscos comumente atribuídos a esse sentimento na relação médico-paciente – charlatanismo, indiscriminação, abuso, complacência, desproteção, inibição de competência e de eficiência –, se poderia endossar que, contrariamente, o amor sob esse prisma afasta o oportunismo, descarta o abuso sexual e de poder, protege a relação, aumenta a eficiência mediante a comunicação individualizada, estimula a intuição para aliá-la à competência racional e operativa; em suma, o amor se junta ao conhecimento, à profissão, ao bem fazer.

Há de se levar em conta preponderantemente que não se trata de instigar o médico a ser bom, ou generoso e gentil – o que depende de sua personalidade –, mas de que seja, plenamente, um eficiente e bom médico.

Uma derradeira questão: o médico mais técnico, que não entra na seara do amor – e nem seu paciente espera isso dele –, será um médico pior? Não necessariamente; desde que mantenha ativa a curiosidade indagativa e a atenção individualizada, usará os recursos que lhe competem e sua capacidade de manejá-los satisfatoriamente. O amor não há de ser uma imposição e, ainda que nenhuma de suas múltiplas formas seja incorporada na relação, espera-se que a cultura médica venha a aceitá-lo como parte inerente da ação médica, em vez de um desvio indesejável e, principalmente, proibido.

Referências

Adams, P., & Mylander, M. (1998). *Gesundheit!* Rochester: Healing Arts Press.

Arruda Martins, M. de. (2000). *Integração do aluno na escola médica*. Apresentado no II Congresso Paulista de Educação Médica. Centro de Desenvolvimento de Educação Médica (CEDEM), São Paulo.

Barnard, D. (1987). The viability of the concept of a primary health care team: a view from the medical humanities. *Social Science Medicine, 25*(6), 741-746.

Blasco, P. G. (2014). O humanismo médico: em busca de uma humanização sustentável da Medicina. *Revista Brasileira de Medicina, 68*, 18-24. (Especial Oncologia)

Brasil (2014). Ministério da Educação. Conselho Nacional de Educação Câmara de Educação Superior. *Resolução n. 3, de 20 de junho de 2014. Institui Diretrizes Curriculares Nacionais do Curso de Graduação em Medicina.*

Bryan, C. S. (1999). Caring carefully: Sir William Osler on the issue of competence vs compassion in medicine. *BUMC Proceedings*, (12), 277-284.

Bryan, C. S. (2017). *Osler then and now: are the humanities still the hormones?* Lecture at the American College of Physicians, Charleston, South Carolina. Recuperado de: https://www.acponline.org/sites/default/files/images/about_acp/chapters/sc/17mtg/bryan_osler_then_and_now_are_the_humanities_still_the_hormones.pdf

Buber, M. (1977). *Eu e tu*. São Paulo: Cortez & Moraes.

Buchheim, A. et al. (2017). Editorial: Neuroscience of human attachment. *Front Hum Neurosci., 11*(136).

Cozolino, R. (2006). *The neuroscience of human relationships: attachment and the developing social brain*. New York: W.W. Norton & Company.

Crowe, S., Clark, N., & Brugha, R. (2017). 'You do not cross them': Hierarchy and emotion in doctors' narratives of power relations in specialist training. Social Science & Medicine, *186*, 70-77.

Da Silva, M. A. D. (1998). *Quem ama não adoece.* São Paulo: Best Seller.

Dalai Lama. (2000). *Uma ética para o novo milênio*. Rio de Janeiro: Sextante.

Dossey, L. (1984). *Beyond illness*. Boston: Shambala.

Duffy, T. P. (1993). Clinical problem-solving. *The New England Journal of Medicine, 328*(18), 1333-1335.

Duffy, T. P. (2000). Informação verbal. Entrevista realizada na Yale School of Medicine.

Glick, S. A. (1993). The empathic physician: nature and nurture. In H. Spiro et al. (Eds.), *Empathy and the practice of medicine* (pp. 85-102). New Haven: Yale University Press.

Güggenbühl-Craig, A. (1976). *Power in the helping professions.* Zürich: Spring Publications.

Halpern, J. (2003). What is clinical empathy? *Gen Intern Med, 18*(8), 670-674.

Hillman, J. (1971). The feeling function. In M.-L. von Franz & J. Hillman, *Lectures on Jung's typology.* New York: Spring Publications.

Hillman, J. (1981). *The thought of the heart*. Dallas: Spring Publications. (Eranos lectures 2)

Hoirisch, A. (1976). *O problema da identidade médica* (Tese). Universidade Federal do Rio de Janeiro, Rio de Janeiro.

Hoirisch, A. (1992). Identidade médica. In J. F. Mello et al., *Psicossomática hoje* (pp. 70-73). Porto Alegre: Artes Médicas.

Jeffrey, D. (2016). Clarifying empathy: the first step to more humane clinical care. *British Journal of General Practice, 66*(643), 143-145.

Jung, C. G. (1971). *Psychological types. CW* 6. Princeton: Princeton University Press.

Jung, C. G. (1973). *Memories, dreams, reflections*. Ed. A. Jaffé. New York: Pantheon Books.

Kearney, M. K. et al. (2009). Self-care of physicians caring for patients at the end of life: "Being connected... A key to my survival". *JAMA, 301*(11), 1155-1164.

Keckley, P. (2017). The decline and fall of the doctor-patient relationship. *The Health Care Blog*. Recuperado de: https://thehealthcareblog.com/blog/2017/09/09/the-decline-and-fall-of-the-doctor-patient-relationship/

Konner, M. (1988). *Becoming a doctor: a journey of initiation in medical school.* New York: Penguin Books.

Lacombe, M. L. (1993). Letters of intent. In H. Spiro et al. (Eds.), *Empathy and the practice of medicine* (pp. 54-66). New Haven: Yale University Press.

May, R. (1998). *Power and innocence.* New York: W.W. Norton & Company.

Morse, J. M. et al. (1988). Compathy or physical empathy: implications for the caregiver relationship. *Journal of Medical Humanities, 19*(1), 51-65.

Nimmon, L., & Stenfors-Hayes, T. (2016). The "handling" of power in the physician-patient encounter: perceptions from experienced physicians. *BMC Med Educ, 16*(1), 114.

Ofri, D. (2014). *What doctors feel: How emotions affect the practice of Medicine*. Boston: Beacon Press.

Oliveira Jr., W. A. (1999). A cardiologia não pode perder seu coração. *Jornal Paulistano de Psicossomática, 4*(22), 84-85.

Orage, A. R. (1977). *On love*. New York: Samuel Weiser.

Ornish, D. (1998). *Amor e sobrevivência*. Rio de Janeiro: Rocco.

Osler, W. (1905). *Aequanimitas with other addresses to medical students, nurses and practitioners of medicine*. Philadelphia: Biakiston's Son & Co.

Ramos, D. G. (1990). *A psique do coração*. São Paulo: Cultrix.

Rocha, H. (1998). Alguns desafios atuais para o médico e, em especial, para o clínico geral. *Jovem Médico, 3*(3), 183-187.

Schore, A. (2002). Dysregulation of the right brain: a fundamental mechanism of traumatic attachment and the psychopathogenesis of posttraumatic stress disorder. *Australian and New Zealand Journal of Psychiatry*, (36), 9-30.

Schore, A. (2012). *The science of the art of psychotherapy*. New York: W. W. Norton & Company.

Shapiro, J. (2012). The paradox of teaching empathy in medical education. In J. Decety (Ed.), *Empathy: from bench to bedside* (pp. 275-290). Cambridge, MA: MIT Press.

Shapiro, J. (2013). The feeling physician: educating the emotions in medical training. *European Journal for Person Centered Healthcare, 1*(2), 310-316.

Siegel, B. (1989). *Amor, medicina e milagres*. São Paulo: Best Seller. (Trabalho originalmente publicado em 1986)

Siegel, B. (1998). *Peace, love and healing*. New York: Harper Perennial.

Smajdor, A., Stöckl, A., & Salter, C. (2011). The limits of empathy: problems in medical education and practice. *J Med Ethics*, (37), 380-383.

Spiro, H. (1993). What is empathy and can it be taught? In H. M. Spiro et al. (Eds.), *Empathy and the practice of medicine*. New Haven: Yale University Press.

Thompson, T. (2018). Against empathy? *Med Ed Publish, 7*(3), 75.

Viegas, C. L. (2017). A medicina deixou de ser humanista. Entrevista a Otávio Augusto. *Correio Braziliense*. Recuperado de: https://www.correiobraziliense.com.br/app/noticia/cidades/2017/10/18/interna_cidadesdf,634428/a-medicina-deixou-de-ser-humanista-diz-medico-pioneiro-em-brasilia.shtml

Wahba, L. L. (2000). Os rumos da medicina: ensinamentos de uma lenda indígena. *Junguiana*, (18), 97-105.

Whitaker, R. C. (2016). Relationships heal. *Perm J., 20*(1), 91-94.

GRÁFICA PAYM
Tel. [11] 4392-3344
paym@graficapaym.com.br